多くの人にたすけられ

～戦前・戦中・戦後を生きて～

宇野　弘

海軍兵学校の制服に身を包んだ17歳当時の私

結婚式の記念写真（昭和26年3月30日）

金婚式記念に子どもたち夫婦と孫７人と（平成13年3月30日）

多くの人にたすけられ

～戦前・戦中・戦後を生きて～

目次

はじめに

あの悲惨な戦争が終わり、七十一年が経った。
終戦時に十八歳だった私は、焼け野原となった岐阜市でゼロからスタートした。繊維の事業を起こしてがむしゃらに働き、成功を収めた。良き妻や素晴らしい子どもたち、孫たちにも恵まれた。申し分ない人生だったと思っている。しかし平和な世の中だったからこそ、人生を謳歌《おうか》し、幸せを享受できたのである。

七十一年前の夏、私が広島市で目撃した光景は地獄であった。街並みはこれでもかといわんばかりに破壊し尽くされ、地を這《は》うように人々が苦しんでいた。たった一つの爆弾が、一瞬にしてすべてを奪ったのだ。

軍国主義が日本を破滅に導いたことは言うまでもない。しかし、あの時代に生きた庶民が、軍国主義は嫌だと言って拒むことが果たしてできただろうか。じわじわと影のように人々の心に忍び寄り、「お国のために死ぬのだ」という意識を植え付けるのが、戦争の怖さである。私自身も、出征して死ぬことに対して疑問を持っていなかった。だからこそ、きな臭い空気が漂い始める前に、戦争経験者が「二度と戦争はやってはいけない」と、次世代に伝え続けなければいけないと思っている。

私は、広島市で見たことを包み隠さず岐阜新聞の紙面などで、より多くの人々に伝えるよう心がけてきた。しかし、自分の大切な家族には、なかなかゆっくり話す機会を持てないものだ。

今回、この本を出版するに至ったのは、家族にこの本を読んでもらい、私が体験してきたことから何か教訓を感じ取ってもらいたいと考えたからだ。また戦後、私たちがどのようにどん底から這い上がってきたかを記しておきたいという思いもあった。

人生が終わりに近づき、改めて思うことは、岐阜中学の友人、海軍兵学校の仲間、繊維の仕事でお世話になった方々のおかげで、豊かな人生を送ることができたということだ。この本によって自分の歩いてきた道を振り返りながら、いかに皆様に支えられた人生であったかを実感することができたのは、思いがけない喜びだった。私のかけがえのない友人たち、仕事仲間、そして家族には心から感謝を申し上げたい。

第一章　岐阜での記憶

昭和二年十一月三十日、岐阜県山県郡高富町(現山県市)に私は生まれた。父政吉《まさきち》、母はるゑ、長姉富美子《ふみこ》、長兄秀雄《ひでお》、次兄馨《かおる》、三兄喜美夫《きみお》、そして私弘、弟昭《あきら》の七人家族であった。

母の父、つまり私の祖父にあたる宇野五郎左衛門は、高富町大桑《おおが》村の大地主だった。母には兄栄太郎がいたのだが、大酒飲みの道楽ものだったため、母が婿養子をもらうかたちで父と結婚した。

栄太郎は財産を食いつぶすほど遊んだという。あるとき、政吉が五郎左衛門に呼ばれ、

「おい、栄太郎が田んぼの権利書を持って出て行った。連れ戻してこい」

と言いつけられたそうだ。政吉が岐阜の町まで駆けつけて行ったところ、栄太郎の遊び仲間が
「あいつなら、大垣へ行ったぞ」

と言った。急いで大垣に向かうと、栄太郎は芸者に財布を預けて、酔っ払って踊っていた。それでも、祖母たちは怒ることなく、

「田んぼがなくなっても山がなくなっても、息子が無事ならありがたい」

と言っていたそうだ。

そんなこともあり、私の両親は決して裕福とはいえなかったが、つつましく一生懸命働いていた。

私の生まれる前、父は名古屋市で銭湯を営んでいたが、富美子がチフスにかかったり、喜美夫が浴槽で溺れたのがもとで脳膜炎を患ったりと災難が続

いたため、銭湯はたたんだ。私が生まれたときは、母の実家のある高富町に移り住み、高富街道沿いの一等地で「大桑呉服店」を営んでいた。

そして私が六歳になると、再び家族で名古屋市に移り、銭湯を再開。そのころの私は、毎朝三輪車に乗って近くの豆腐屋に豆腐を買いに行くのが日課だった。当時は一円が百銭。一丁三銭の豆腐を買って帰り、朝食にその豆腐の入った味噌汁を食べたことを覚えている。

昭和九年四月、八歳になった私は、名古屋市中区(当時)の牧野小学校に入学した。自宅から学校までは歩いて五分ほどの道のり。カバンを肩にかけ、意気揚々と学校に通った。

そんなある日のこと。牧野小学校出身の大先輩が来校される、と校庭に全校生徒が集められた。誰が来るのかとワクワクしながら校門の方を見ていると、馬にまたがった軍服姿の将校が、兵隊を何人も従えてやって来た。金ぴかの勲章をいくつもつけたその軍人は、陸軍大将の松井石根《いわね》だった。松井石根とは日中戦争時の南京事件（いわゆる南京大虐殺）の責任者として、戦後の東京裁判で罪に問われ、絞首刑になった人物である。だが、当時の牧野小学校では、松井の足跡をまとめた冊子を作り、彼の生い立ちを伝える授業を行ったほど、陸軍大将にまで上り詰めた松井をたたえていた。

「陸軍大将というのは、偉いものだな」

八歳という幼い心にも、その風格は強く刻み込まれた。

牧野小学校には一年間しか通うことはなかったが、馬に乗った松井大将の姿は、今でも昨日のことのように思い出される。

二年生になるころ、父の仕事の都合で再び岐阜へ転居し、私は徹明小学校へ転校。岐阜市内で何度か転居しながら、昭和十二年には白山小学校へと移った。

学校から帰ると、近所の子どもたちとおもちゃの刀や棒切れを持ち寄ってチャンバラや戦争ごっこをして、日が暮れるまで遊んだ。また担任の先生が岐阜師範学校の野球部出身だったので、放課後には生徒を集めて野球を教えてくれた。私は野球には向かなかったようで、なかなか上手にならなかったのだが、楽しい思い出だ。

父は当時、米屋を営んでいたが、戦時下の食料統制が始まったことから、米の販売を自由に行うことができなくなり、岐阜県食糧営団に勤めるようになった。日中戦争、第二次世界大戦、太平洋戦争と日本国内が戦時下の色を濃くしていく中、私の住む地域も例外ではなく、食糧事情は徐々に悪化していったことを記憶している。

そんな中、小学校六年のとき、私は原因不明の奇病にかかった。ある日突然、関節の節々が痛み、膝が痛い、足首が痛い、という状態になり、歩くのも困難となった。父や母は心配し、私をいくつもの医者に連れて行ってくれた。しかし、原因どころか病名さえも分からない日々が続いた。ある医者には肺結核、またある医者には骨膜炎、また別の医者にはリウマチと診断されるが、症状は一向におさまらない。困り果てた両親と私は、愛知県一宮市にあったある診療所に行き着いた。

灯明で火をつけた線香のようなものを入れた器具で体をさする、という今から考えれば、およそ西洋医学とはかけ離れた方法ではあったが、どういうわけか症状は和らいだ。しかし結局一年間、小学校は休校を余儀なくされた。

奇病を克服した後の昭和十六年四月、のちに岐阜新聞グループを率いることになる杉山幹夫さんら同級生たちからは一年遅れることとなったが、私は岐阜中学(現岐阜高校)に入学した。

当時は小学校を卒業したら、そのまま働く者がほとんどだった。中学校に進学できたのは、五分の一程度のひと握りの生徒だけ、その中でも岐阜中学は学力トップクラスの生徒が集まるエリート校であった。一学年二百人の難関に合格できたことを両親も喜んでくれたように思う。

岐阜市大縄場の長良川堤防下にある校舎は、春には堤防沿いの桜が一斉に咲き誇っていた。春の乾いた風に桜風雪と堤防の砂ぼこりが舞い上がり、校舎に吹き込んでいた。

当時私は白山小学校そばの天王町に住んでおり、母の作ってくれた弁当を持って、歩いて学校に通った。食糧難の中、弁当には鰹節を入れた卵焼きとご飯が必ず入っていた。家計は決して楽ではなかっただろうが、中学に通わせて毎日弁当を持たせてくれた両親には感謝をしている。

岐阜中学１年に撮影した家族写真。後列左から私、三兄喜美夫、長兄秀雄。前列右から次兄馨、弟昭、父政吉。前列一番左は姉富美子の夫、山田達夫。

入学直後は体操部に入ったが、なかなか馴染めず、すぐにやめた。ただ入部はしなくても柔道か剣道の練習はやらなければいけない決まりだったので、私は柔道を選んだ。

当時の岐阜中学は、柔道では県内でも指折りの強豪校で、稽古は厳しかった。上級生たちにしごかれながらも頑張って初段までいった。二学年上には、のちに岐阜市長となる浅野勇さんがいた。浅野さんは抜群に強く、県大会でも敵なしというほどだった。柔道部が優勝旗を持って帰ってくると、全校生徒が「凱旋歌」という歌で出迎えた。岐阜中学の部活の中で、「凱旋歌」を歌ってもらえたのは、柔道部くらいだった。

浅野さんの愛称は「タネさ」だった。なぜ「タネさ」かというと、岐阜中学に入ったすぐに、「種々(しゅじゅ)の」を間違えて「タネタネの」と読んだためだ。岐阜市長になってからも、仲間うちからは「タネさ」と呼ばれていたので、私はそれがおかしかったものだ。

私が稽古を終えて家に帰るころ、野球部はまだまだ練習をしていた。部員たちは、暗くなって球が見えなくなるまで練習に励んでいたのだが、甲子園の常連校だった岐商(現岐阜県立岐阜商業高校)にはどうしても勝てなかったものだ。それほど強かった岐阜商で野球をしていた選手たちも、才能を開花させることなく、のちに何人も戦争で死んでいった。

日を追うごとに物資不足は深刻化し、野球ボールがなくなり、サッカーボールもなくなっていった。青春を謳歌するはずの学生生活にも、戦争は暗い影を落としていた。

勉強面では、エリートぞろいの岐阜中学で私は仲間たちについていくのがやっとだった。英語、数学、国語、漢文、地理歴史、理科の授業を日々学び、三月には学年末試験があった。その成績と学年順位は、学校から家に送られてくることになっていたのだが、一年のときには二百人中百五十八番。お世辞にも良いとはいえない成績に、父や兄もさぞがっかりしたのだろう。

「もう学校なんてやめてしまえ」

と、厳しく叱られた。

せっかく中学にまで行かせてもらっているのに、やめさせられては大変だと発奮し、二年生に進級してからは学校でも家でも勉強に励んだ。その甲斐あって二年生は五十番、三年生は八番という成績を収めることができた。カエル跳びのように成績が上がったことに驚いたのは、岐阜中学の横山先生という名物先生。クラス全員の前で、

「この中で、五十番以上も飛んだ者がおる」

と私をたたえてくれた。うれしかった。しかし、最初によほど下位にいないと五十番以上も上がることはできないだろう。今でも苦笑いとともに振り返る、いい思い出である。

岐阜中学一年だった昭和十六年十二月八日朝のことは、鮮明に覚えている。家で学校へ行く準備をしていると、ラジオが軍歌とともに、けたたまし

くニュースをまくし立てた。

「臨時ニュース、臨時ニュースを申し上げます」

「本八日未明、我が帝国陸海軍は、西太平洋上において、米英両軍と戦闘状態に入れり」

ハワイ真珠湾攻撃により、太平洋戦争の開戦を知らせるニュースだった。

（アメリカと戦争か……）

私は恐怖や不安というよりも、淡々とした気持ちでその知らせを受け止めた。それほど戦争というのは、当時の日本国民には身近なものだったのではないだろうか。

私の家族も長兄秀雄は中支戦線に出征、次兄馨も海軍士官として潜水艦に乗っていた。三兄喜美夫は陸軍二等兵として徴兵され、のちに昭和十九年七月のサイパン玉砕で戦死している。

健康な男子であれば軍隊にとられ、やがては戦地に行って死ぬ。それが人々の心に嫌というほど染み込んでおり、私も例外ではなかった。

私は自分の進む道を考えた。できれば八高（現名古屋大学）に行き、もう少し勉強がしたかった。同級生は、兵隊にとられることを何とか避けようと医学部進学を選ぶ者が多かった。医者になれば徴兵される順番は、後回しになるからだ。しかし、私の家には医学部に進むような金銭的な余裕はなかった。

（どうせ軍隊に行くなら、陸軍より海軍がいい）

次兄馨の海軍の制服姿を思い出した。馨が、上下紺色の詰襟《つめえり》に短剣を腰に下げた姿で岐阜に帰省すると、友人たちが「かっこいいなあ」と褒めてくれたものだ。馨は弟の私から見ても、憧れの存在だった。

広島県江田島にあった海軍兵学校は全国の精鋭が集まる難関校として知ら

れていた。「旧制一高（現東京大学）より入るのが難しい」と言われることもあったほどだ。

猛勉強の末、私は昭和十九年十月、海軍兵学校第七十六期生として合格することができた。岐阜中学から合格したのは私を含めて二人だけだった。

江田島に行くため、家を出たのは九月末だっただろうか。

難関の海軍兵学校に行くという晴れがましさとは裏腹に、両親とは、もしかしたら今生《こんじょう》の別れとなるかもしれない。父は「元気で行ってこいよ」と言葉少なに私に語りかけ、母は静かに涙を流していた。

私は（これも運命。国が戦争をするのも運命。国のために命を捧げるのも仕方なかろう）と自分自身を奮い立たせていた。

岐阜駅に着くと、岐阜中学のクラスメートが五十人ほど、見送りに来てくれていた。

「バンザーイ、バンザーイ、バンザーイ」

クラスメートの声が響く中、私は電車に乗り込んだ。

故郷にはもう戻れないかもしれない。私は、岐阜の景色を懸命に目に焼き付けた。


私が岐阜を発つよりも少し前に、出征していったのは三兄喜美夫だ。喜美夫のことは、兄弟の中でもいちばん気の毒な生涯だったと悔やむことがある。幼いころに患った脳膜炎の後遺症なのか、学校の成績が芳しくなく、中学にも行けなかった。徴兵検査では甲種、乙種、丙種のうち丙種合格とされ、出征した。

配属先である愛知県豊橋市の工兵連隊へと旅立つ日。家の門は紅白幕で飾られ、氏神さまへのお参りを済ませた後、近所住民が総出で「万歳」と声を枯らして喜美夫を見送った。陸軍一等兵といえば、下っ端である。上官に散々しごかれ、サイパンに行き、人が人でなくなるような飢えと渇きに苦しんだ末の戦死だったのだろう。

終戦後に、私は喜美夫の遺骨を取りに、岐阜市の長良小学校の体育館に行った。白木の箱とは名ばかりで、段ボールに白い紙を貼っただけの箱の中に「陸軍兵長　宇野喜美夫」と書かれた紙一枚だけが入っていた。

遺骨などは一つもなかった。

第二章　江田島での日々

昭和十九年十月、広島県江田島・海軍兵学校の入校式を終え、私たち第七十六期生約三千人は海軍士官の卵として第一歩を踏み出した。江田島にいたのは終戦までの一年足らずだったが、忘れられない日々である。

兵学校では、分隊制度という仕組みがあった。上級生と下級生が縦割りで一つの組を編成し、最上級生は「一号生徒」、その下に「二号生徒」「三号生徒」と続く。教室での授業は学年ごとの横割りだったが、その他の訓練や普段の生活は分隊ごとに行われた。

入校式後に分隊に編入された私は、上級生から最初に言われた言葉に衝撃を受けた。

「貴様らは海軍に入ってきたが、我が連合艦隊は海底にあり。貴様らが乗る船はない。あっても潜水艦である」

日本の海軍といえば、明治の創設以来、日露戦争でのバルチック艦隊撃破をはじめ、輝かしい戦績を誇る軍隊であった。バルチック艦隊を破った日本海海戦で指揮官を務めた東郷平八郎、その海戦で参謀として名を上げ、小説『坂の上の雲』（司馬遼太郎著）に登場する秋山真之、同じく日露戦争の旅順港閉塞作戦で部下の身を案じながら戦死し、のちに「軍神」とたたえられた広瀬武夫など、兵学校出身の有能なリーダーたちも多かった。

ところが真珠湾攻撃からわずか半年後、昭和十七年六月のミッドウェー海戦では、米海軍と交戦し、航空母艦「加賀」「蒼龍」「赤城」「飛龍」の四隻を失う大敗を喫した。各艦とも攻撃隊発艦の準備を整えている最中に敵機からの攻撃を受け、艦上の爆弾が次々と誘爆し、大炎上したのだった。

このミッドウェー海戦での大敗が分岐点となり、以後の日本は崖を転がり落ちるように敗戦に向かっていった。

しかしそれが明らかになったのは終戦後しばらく経ってからのこと。当時、ラジオでは、さかんに連戦連勝だという大本営発表の勇ましいニュースが繰り返されていたので、不利な戦況だと知る国民はほとんどいなかったように思う。

私は、「我が連合艦隊は海底にあり」という言葉に、暗たんたる気持ちになった。

（せっかく海軍になろうと兵学校に入ったのに、船がないとはどういうことか。この先どうなるのだろう）

その不安を胸の底にしまい込み、兵学校の学業や訓練に励んだ。英語、数学、理科、航海技術を学ぶ海運、通信など学ぶことはたくさんあった。

兵学校での一日は、午前六時に起床ラッパで起き、午前と午後の座学（教室での講義）、そして訓練、夜の自習をして、午後十時にラッパで寝るというものだった。

宿舎での生活では、一号生徒による鉄拳制裁は当たり前のように行われ、厳しいものであった。鉄拳制裁は「修正」と呼ばれており、例えば目つきが悪い、態度が悪い、歩き方が悪い、布団のたたみ方が悪いなどと、細かいことを挙げて一号生徒が下級生を殴っていた。

毎晩、夕食後には一階の自習室での自習時間が三時間ほどあり、それが終わると二階や三階の寝室に移動するのだが、その階段を二段跳びで元気よく上がらなければいけなかった。その様子を階上から上級生が眺めており、何度もやり直しを命じられた。何がだめなのか分からないまま、何十回も階段を跳び上がり、へばって倒れるまで繰り返したものだ。

訓練は短艇、体操、水泳、武道、登山、棒倒しなどを一号・二号・三号生徒が合同で行った。

棒倒しは兵学校の伝統といえる訓練で、毎週土曜日に行われた。私たち下級生はスクラムを組んで土台を作り、必死で棒を守る役目で、上級生が私たちの背中を登っていき、相手の棒を倒した方が勝ちというシンプルなルールだ。上級生たちは、土台となっている私たちの頭を勢いよく踏みつけながら棒を目指して登っていき、頭上で真剣に殴り合っていた。その攻防戦は大いに盛り上がった。

もう一つ覚えているのが、「短艇」というボートをこぐ訓練だ。江田島の周囲をぐるぐる回るのだが、これがきつかった。また冬の早朝訓練というのもあり、まだ夜も明けないうちから柔道の稽古を二、三時間もやることがあった。

この他にも、年に一度の伝統行事だったのが、江田島から宮島へボートを十時間ほど漕いで渡る「遠艇」。そして宮島の弥山《みせん》という標高五百三十メートルの山に走って登る「弥山競技」だ。分隊の中で一人でも落伍者が出れば分隊全員が失格となった。先輩からその過酷さを嫌というほど聞いていたのだが、私はそれらを経験する前に終戦を迎えたので、やらずじまいだった。

そんな苦しい日々で、数少ない楽しみの一つだったのが、日曜日だ。日曜日だけは外出が許され、「倶楽部《くらぶ》」と呼ばれる民家に同級生たちと遊びにいった。その民家のおばちゃんたちが食事を出して世話をしてくれた。倶楽部は学年ごとに割り当てられていたので、怖い上級生はいなかった。みんな毎日の訓練で疲れ切っていたので、ゴロゴロと寝そべって昼寝をしたりして思い思いに過ごした。芋を食べながら、バカ話をしたり、時には上級生の悪口を言い合ったりするのが楽しかった。

食事も楽しみだった。入校直後はまだ充実した食事が出された。朝は決まって食パン二枚に白砂糖。これは終戦まで続いたが、よく砂糖などが確保できたなと思う。

昼食と夕食は、麦飯に汁物、そして肉や魚のおかずが付いた。「海軍カレー」という名で今でも有名なカレーライスが出ることもあった。さらに海軍は外国に行って他国の軍隊と交歓することもあるという理由で、フォークとナイフでステーキを食べる作法を教わったこともあった。ステーキ肉といっても、今から思えば硬くていい肉ではなかったが、一般家庭の食糧事情を思えば、格段に豪華だっただろう。

しかし戦争末期になると、食事も粗末なものになった。江田島内にはネーブルオレンジとサツマイモの畑が多くあったので、ネーブルやサツマイモばかり出た。私たちが「江田島金魚」と呼んでいた、江田湾で獲れる小さな鯛に似た雑魚もよく食べた。これがとてもまずい魚だったのだが、他に食べるものがないので文句を言うこともなく食べた。

学業で特筆すべきは英語教育だろう。昭和十八年には陸軍士官学校ではすでに英語教育を廃止していた。陸軍は、英語は敵性外国語であるから、一般国民も英語を使うな、と主張していた。野球用語が日本語化され、ストライクが「よし」、ボールが「だめ」などと言ったのは有名な話である。

そんな中、海軍兵学校では終戦まで英語教育に力を入れた。

昭和十七年に校長に着任し、兵学校の改革をした井上成美《いのうえしげよし》の考えだった。井上は、太平洋戦争前は対米不戦論を唱え、戦況が悪化した昭和十九年八月には海軍次官に就任。徹底抗戦を訴える陸軍と折衝しながら終戦工作をするという任務を背負った。そして昭和二十年五月には最後の海軍大将に就任した人物だ。

井上は「およそ自国語しか話せない海軍士官などは、世界中どこに行っても通用しない。英語の嫌いな秀才は陸軍に行ってもかまわん。外国語一つも出来ないような者は海軍士官には要らない。陸軍士官学校が採用試験に英語を廃止したからといって、兵学校が真似することはない」（『反戦大将　井上成美』生出寿著）と考えた。

また井上が「英語のセンスを養う方法として、文法を骨幹として教えることや、常用語を徹底的に反復練習させることなどを説き、さらに英語は英語から直接理解すべきである」（『江田島海軍兵学校　究極の人間教育』徳川宗英著）と提案したことから、英英辞典が各生徒に配られ、授業ではことあるごとに英英辞典が使われた。

当時としては、先進的な教育が行われていたと考えられる。終戦後に生き残った兵学校の卒業生が各方面で活躍しているのが、その証だろう。私の同期では参議院議員・衆議院議員となった大木浩、愛知工業大学学長になった後藤淳らをはじめ、岐阜県内では恵那市長となった森川正昭、加納天満宮宮司の林佑和三らがいる。このほかにも会社経営者や弁護士などが多く、日本各地で戦後の復興を支えた。

戦争末期には、兵学校の教育期間を三年から二カ月半以下に短縮し、早く第一線部隊に送ることが計画されたが、これも井上の反対によって一時は延期された。戦局の悪化により結局短縮はされることとなったものの、敗戦が予想されたため、終戦後に優秀な人材を兵学校に確保しておくことを考えて、短縮に慎重だったと言われている。

私が兵学校で学んでいる間も、戦況は刻々と悪化していった。

昭和十九年十月のレイテ沖海戦では、正規空母・軽空母四艦を失ったのをはじめ、戦艦、駆逐艦、潜水艦も多数撃破された。そればかりか残存艦のうちの大半も本格的修理を要する大損害となった。大敗の結果、日本の連合艦隊は組織的な艦隊作戦が不可能となったことから、これ以後の攻撃の中心となったのは特攻であった。

特攻隊は、このレイテ沖海戦で初めて戦術として採用され、終戦まで続けられた。航空機による特攻と時期を同じくして、人間魚雷「回天」による特攻も採用された。

元海軍少佐・外山三郎は著書『日本海軍史』の中で特攻について、「特攻は太平洋戦争の戦勢を挽回するには焼石に水の効果しかなかった。しかし太平洋戦争に臨んだ陸海軍人はもとより、一億玉砕を真剣に考えていた国民にとって、これが最後の抵抗手段と認識されたことは疑う余地がない」と述べている。

昭和二十年三月から六月にかけて行われた沖縄戦では、多くの民間人を含む犠牲者を出した。沖縄への救援として、海軍はわずかに残っていた戦艦「大和」をはじめとした艦隊を沖縄に向かわせた。

国家予算のおよそ四パーセントという巨額の建造費をつぎ込み、世界最大の砲口径四十六センチの主砲を搭載した不沈艦「大和」は、国民の期待を一身に受けていた。私は兵学校に入校するために江田島へ向かう途中、呉軍港に停泊している大和を初めて見た。

(ものすごい戦艦だな)

と、その巨大さにびっくりした。

そんな大和に与えられた最後の任務は、片道分の燃料を積んで沖縄に特攻し、自ら浅瀬に乗り上げて動かぬ砲台となり、米軍の陸上部隊を砲撃する、というものだった。

大和の指揮官だった伊藤整一中将は当初、この無謀な命令に強く反対した。しかし、上官の「一億特攻の先駆けとなってくれ」という一言によって、やむなく出撃を決意したという。

昭和二十年四月七日、上空からの支援のない大和は、米軍航空機や魚雷による集中攻撃を受け、沖縄にもたどり着けず、九州・坊ノ岬沖であっけなく沈んだ。米軍との交戦開始から二時間足らずのことだった。世界最大を誇った大砲は結局、一度も火を吹くことはなかった、という生存者の証言もある。

日本側の戦死者はおよそ三千七百人、米軍側の戦死者わずか十数人という圧倒的な敗北だった。

日本は、日露戦争でバルチック艦隊を破った「実績」から、巨砲を備えた大艦で勝負を決めるという過去の栄光にすがったのだろう。しかし時代は変わり、すでに空母と航空機による戦い方が主流になっていた。結局、最後まで既定路線を変えることができず、大和を使いこなせないまま終わった。虚《むな》しいことだ。

大和が沈没する直前の昭和二十年三月末、私の二期上にあたる第七十四期生約千人が卒業した。卒業式後、正門にある桟橋から大和に乗るため機動艇で出航していく彼らを見送ったのを、私は覚えている。

ところが、七十四期生たちはそのまま出撃することなく、途中で船から降ろされ、命が助かったのだと後から聞いた。すでに大和に特攻の命令が下っていたからだろうか。卒業したばかりの未来ある若者たちを無駄死にさせるわけにはいかない、という上層部の判断だったのかもしれない。

「大和が沈んだ」という話は教員から聞いた。悔しいとか悲しいとかいう感情は起こらず、淡々とそれを聞いた。

昭和二十年七月九日には、故郷の岐阜市も空襲の標的となった。岐阜市には父、母、小学生の弟昭の三人が白山小学校近くの天王町に暮らしていた。当時の記録によると、岐阜市には八百九十八トンもの焼夷弾が投下され、岐阜駅を中心に南は加納、北は長良川まで壊滅した。焼失面積は全市の七～八割、死者約九百人、負傷者約千人、全半壊家屋約二万戸という被害だったという。

空襲後しばらくは、家族の安否が分からずにいた。遠く江田島にいながら三人のことを思う日々が続いたが、あるとき全員無事だという知らせを受け取った。

三人は水道山の上に逃げ、山の上から街が炎に包まれるのを見ていたのだという。『岐阜空襲誌』（岐阜空襲を記録する会）には、「水道山や権現山、工事途中の鶯谷トンネルには避難した市民であふれ、さらに岐阜公園から納涼台、長良橋へと避難する人で小熊町、白木町は大変な雑踏ぶりだった」とある。自宅近くの白山小学校は空襲後すぐに火の手が上がり、高森町、栗矢田町、溝旗町にも延焼。溝旗神社も火の海に包まれて本殿社務所などを焼失するなど自宅周辺の被害は大きかった。

バケツリレーで消火しようとする人、火から逃げまどう人、また防空壕《ごう》に逃げたがそこで焼け死んでしまった人……。どんなに恐ろしかっただろうか。もちろん我が家も焼けてしまったが、家族の命があるだけ良かったと思うほかなかった。

岐阜空襲と同じころ、終戦の一カ月ほど前になると、江田島周辺への空襲も激しくなった。攻撃対象がよく見えるため、決まって昼間の明るいうちに襲来した。B29をはじめとした敵の戦闘機は江田島や広島の上空をひっきりなしに飛ぶようになった。最初のうちは敵機襲来のたびに空襲警報が鳴っていたが、そのうち警報すらも鳴らなくなった。

そのころ、江田島湾には「利根」「大淀」という巡洋艦が停泊していた。燃料が乏しかったため、出撃しようにもできなかったからだ。敵機から隠すために木や枝で覆われ、カムフラージュがされていた。しかし、海に突然小島ができるはずもなく、米軍はそれを見逃さなかった。

七月のあるとき、米戦闘機がその船を攻撃するためにやってきた。グラマンという戦闘機だった。その様子を私は防空壕から見ていた。

何百というグラマンが猛烈な低空飛行をしながら、艦船めがけて銃撃をした。うなるような戦闘機のエンジン音や凄《すさ》まじい銃声……。

艦船からも機関銃や大砲で必死に応酬をしていたが、二、三機を撃ち落とすのがやっとではなかったか。「大淀」と「利根」はあっけなく転覆した。

江田湾は浅かったので、沈没するのでなく横転したのだ。船底をあらわにしたその姿は無残だった。犠牲者も多く出た。

（これは負けるな。これでは勝てない）

と私は思った。アメリカとのあまりに大きな力の差を目の当たりにしたからだ。

敗戦を意識したのはそのときが初めてではない。私も仲間たちも、入校当初から心の中では敗色濃厚という感覚を持っていたに違いない。しかしそれを口に出すことは許されないので、黙っていただけに過ぎない。

昭和二十年七月二十六日には、日本への最後通牒となるポツダム宣言が出された。しかし、それを受諾したという報道はなく、新聞紙面には「黙殺」などという活字がおどっていた。兵学校の図書室で新聞を読んだとき、私は

真っ先に

（日本はカルタゴになるのか）

と思った。紀元前にローマ軍によって徹底的に破壊されたカルタゴと、日本の行く末を重ね合わせてしまった。

その悪い予感は、十日後には現実のものとなった。

第三章　原爆投下、そして終戦

昭和二十年八月六日、その日は朝から快晴だった。

私は、午前八時から教室に入り、試験を受けていた。下士官が答案用紙を裏返しに配っており、全員に配り終えたら「はじめ」の合図で一斉に試験を始めるはずだった。答案用紙が全員に行き渡るまで少し時間があり、私は手持ちぶさたになって窓から海の方を眺めていた。

そのときである。

青白い閃光《せんこう》が一瞬にして空を包み、しばらく時間をおいて凄まじい爆発音とともに爆風が吹き寄せてきた。窓がガタガタと音を鳴らし、建物が揺れた。

(広島だ。広島がやられた)

そう思い、もう一度広島の方角に目をやると、空には大きなキノコ雲がもくもくと上がっていた。

運命の午前八時十五分。米爆撃機B29が投下した原爆は、強烈な熱線によってあらゆるものを焼き尽くし、また凄まじい爆風によって建物をなぎ倒し、人間を吹き飛ばしたのだ。人類が初めて核兵器による被害を受けた瞬間だった。犠牲者は二十万人以上ともいわれている。

江田島にまでは被害は及ばなかったが、「新型爆弾が落とされた」という話が伝わってきた。教官の中には「原子爆弾だ」と分かっていた人もいたようだった。

そして三日後の九日には長崎にも原爆投下。またしても約七万人もの罪のない人々の命が奪われた。

「次は江田島に落とされるぞ」という噂が流れたためか、白い木綿の布でできた頭巾が配られた。三角形で目、鼻、口の部分がくり貫かれた簡素なものだった。

「こんなものでどうやって身を守るのか」

と、私は半ばしらけたような気持ちでいた。一日も早く負けてしまえばいいと思っていた。

原爆が二つも投下され、さらに八日には、ソ連が日本に対して宣戦布告をした。敗戦が決定的になっていたころ、海軍大尉だった次兄馨が江田島まで面会に来てくれた。

馨は海軍兵学校第六十九期の卒業生であり、同期が兵学校の教官をしていた。その教官に部屋に呼ばれて行くと、兄がいた。聞けば、これから京都の舞鶴に行き、ソ連の侵攻に備えて人間魚雷による特攻部隊の指揮を執るのだという。出撃する前に、弟の顔を一目見ようと来てくれたのだ。兄はすでに結婚していたため、

「家族を残していくことになるが仕方あるまい」

と話していた。

私は(兄はこれから死にに行くのだな)と淡々と思った。これが最後だと分かっていながら、いちいち涙を流して悲しんでなどはいられないのが戦争と

いうものだろう。

兄と別れて何日か経ったころだろうか。八月十五日を迎えた。

教官から全員校庭に並べと命じられ、整列して玉音放送を聞いた。当時のラジオは性能が良くなく、さらに大音量で流していたため、ピーピーガーガーと音割れし、何を言っているのかほとんど分からなかった。しかし、

「耐えがたきを耐え、しのびがたきをしのび……」

という言葉だけは聞き取ることができた。国民が初めて耳にした天皇陛下の声だった。

(ああ。負けたのだな)

と思った。日本の全面降伏だった。周りでは、泣き叫んで悲憤慷慨《こうがい》する者たちもいた。ただ私は内心安堵《あんど》していた。心の中では(勝てるわけがない。一日も終わらせるべきだ)と思っていたからだ。

終戦の日のことを第七十七期生の徳川宗英氏は著書『江田島海軍兵学校究極の人間教育』の中でこう振り返っているので、引用したい。

＊

全校生徒が校庭に集められ、将官ラッパが吹き鳴らされる中、栗田健男校長が「千代田」艦橋上に立ちました。将官ラッパは「大佐以下の全将官は少将以上の者に敬礼せよ」とうながす合図で、普通、生徒はなかなか聞く機会がありません。その響きは威厳に満ちていました。

栗田校長は、「今回の戦争は、科学の力が足りない日本が、アメリカの技術に負けた。みなはこれから技術系に進んで、どうかアメリカを見返してほしい」という内容の話を、淡々とされました。

空はせつないほどに蒼く晴れわたり、周囲の山には蝉時雨がこだまするようでした。「こんな日は雨降りのほうが似合うんじゃないかな」と思いましたけれど、あまりにも天気がよくて、逆に雨よりももの哀しいような、何もかもなくなってしまったような空白感がありました。

校長訓話が終わってしばらくすると、上空にアメリカ軍の飛行機がやってきて、日本の敗戦を伝えるビラをまいていきました。私たちはそれを拾って読みました。読みながら、「アメリカ憎し」と思っていた生徒もいたのかもしれませんが、そうした素振りを見せる者は一人もなく、江田島の終戦は、静かに、淡々と過ぎていったのです。

＊

次兄馨は結局、人間魚雷出撃の機会を得ぬまま終戦を迎え、そのまま舞鶴に残り、戦後処理を担った。馨は、のちに出身校の名古屋市・旭丘高校の同窓会紙に寄稿して、終戦を迎えたときの様子をこう綴《つづ》っている。

「当然この部隊で死処を得るものと覚悟していたので、一時は呆然自失の状態となったが、気持を取り直し大勢の部下の取り纏《まと》めと兵器の管理に心を砕いた。まず徹底抗戦を叫び血気に逸する若い隊員の自決や暴挙を防ぐため、特潜搭乗員の持っていた短銃を全部提出させた。当初なかなか出すのを肯《がえ》んじなかった連中も、度重なる説得で渋々提出したが到頭最後まで一、二丁は不明のままとなった」

そして部隊の解隊式では、馨は指揮官として、六百人の隊員を前にこう呼びかけたという。

「我々は個々には勇戦敢闘、全力を尽くして戦ったが、余りに彼我国力、戦力が違い過ぎて敗れてしまった。中途で散った戦友の英霊や、戦災で苦しむ一般人には誠に申し訳ないが、優秀な日本人は必ず息を吹き返すに相違ないので、お互いに日本の再建に尽力しよう。今後しばらく米軍の占領が続き、徹底的に日本悪玉の宣伝、教育を実施するであろう。信用出来るのは家庭教育だけである。どうか家庭教育を大切にして日本の良き伝統を次の代に伝えて欲しい」

このとき、馨は二十五歳の若者である。我が兄ながら、立派だったと拍手を送りたい。

日本各地で、徹底抗戦を叫ぶ者、玉音放送とともに自決をした軍人、民間人も少なからずいたようだ。戦争が終わったことへの安堵、敗戦の虚しさ、アメリカによる占領への不安など、日本人の心にはさまざまな気持ちが去来したことだろう。敗戦したのにおおっぴらに喜ぶことなどはできない。しかし大多数の国民にとっては、もう空襲を恐れながら眠りにつかなくてもいい、という安心感の方が大きかったのではないだろうか。

さて、終戦から三日後の八月十八日、兵学校の生徒には「準備ができた者から全員帰るように」との命令が下された。

私は故郷岐阜へ帰るため、東北に帰郷するという仲間と二人で十九日夕に江田島を発った。船で宇品港に向かい、港に着いたころにはすでに夜が深かった。泊まるところもなく、先を急いでいたのでそのまま広島駅を目指すことにした。

宇品港から広島駅までは直線距離にして約四キロ。荷物が多かったため港近くの住民にリアカーを借りることにした。リアカーといえども大切な財産だっただろうに「兵学校の生徒さんなら」と快く貸してくれた。お礼にと、兵学校で支給された米をほとんど置いてきた。

リアカーでも一度では運ぶことができず、広島駅で同行した仲間に荷物を見ていてもらい、私は港と駅の間を三往復した。

そのときに見た広島市内の様子は忘れることができない。

建物は破壊し尽くされ、ほとんどない。市内電車のレールは、ところどころ熱で折れ曲がっていた。焼け焦げて動かなくなり、置きっぱなしになっていた市内電車の中をのぞくと、つり革には人の手の骨がそのままぶら下がっていた。

夜なのに道をフラフラとよろめきながら、ドタッと倒れる人を何人も見た。被曝者だったのだろうか。あの人たちはきっと生きてはいないだろう。これはまさしく生き地獄だと思った。

リアカーを引いて歩く途中、水道管がところどころで破れ、水がジャージャーと溢れ出していた。暑くてのどが渇いたので、その水を何度もゴクゴクと飲んだ。そのときは放射線の影響など知る由もない。原爆投下から十日以上経っているとはいえ、広島の中心部を十時間近くも歩き回り、放射能に汚染された水を飲んだのだから、どれほど被曝してしまったのか想像もつかない。

広島駅で夜が明けるのを待った。駅舎は曲がりくねった鉄筋だけで、コンクリートはすべて崩れ落ちていた。鉄道だけは何とか動いていたが、どこに行く汽車なのかはわからない。とにかく東に行く汽車に飛び乗った。

屋根のない貨車の中でひたすらじっと座っていた。汽車から吐き出される煙とすすで顔は真っ黒になった。

途中で汽車の中から見た景色は焼けただれた街並みだった。姫路、神戸、大阪はすべて焼け野原で何もない。歴史的な建物の多い京都だけが空襲を逃れたのは周知の通りである。

汽車は走ったり止まったりとなかなか進まず、広島駅から岐阜駅までは丸三日かかった。その間、食事をどうしていたのかは記憶にないが、飲まず食わずで過ごしたのだろう。兵学校で支給された米はリアカーの持ち主にあげてしまったし、たいした食料を持っていたとは思えない。しかし不思議と、お腹がすくのは気にならなかった。岐阜に帰れるといううれしさで胸がいっぱいだったのだ。

ようやく着いた岐阜駅もプラットホームと簡単な改札だけ。駅員はいない。切符などを買った記憶もない。それほど世の中が混乱していた。岐阜駅から北の方を向いて立つと、見渡す限りの焼け野原が広がっていた。建物といえば十六銀行本店、駅前にあった商工奨励会館、丸物百貨店の三つだけ。しかも真っ黒に焼け焦げていた。

私は、大きな荷物を背負って、とぼとぼと家の方に向かって歩いた。

家があったはずの場所に着くと、直径十メートルほどの穴が掘ってあり、焼けたトタン板がかぶせてあった。その穴に両親と弟が暮らしていた。穴の中には小さな仏壇が置いてあった。

母は私の顔を見るなり、

「ひーちゃん、ひーちゃん」

と私の名前を繰り返し呼びながら、涙を流して抱きついてきた。父と弟も涙こそ流さなかったものの、ホッとしたようなうれしそうな顔をしていた。

「ああ、また岐阜に生きて帰ってこられた」

としみじみと思った。多くの人が戦死したり、空襲で命を落としたりした戦争をくぐり抜けて、家族と再会できたことは何ものにも代えがたい幸運に思えた。


戦前、戦中、戦後と生きてきて思うことは「戦争だけはいかん。二度とやってはいかん」ということだ。

原爆を使ったら一瞬で街一つをめちゃくちゃに破壊してしまうことは、広島の街を歩いてみて身にしみた。今までは世界中で原爆が使われたのは広島と長崎だけだが、次に大きな戦争が起こったら、核戦争になるだろう。そうしたら世界はどうなってしまうのだろうか。

岐阜新聞　明治25年3月31日第3種郵便物認可　第44566号　（日刊）

原爆　今も脳裏に

広島投下目撃、口開いた県民2人

語り継ぐ　ぎふ戦後65年の原点

8月6日　金曜日

発行所　岐阜新聞社　岐阜市今小町10番地　〒500-8577（専用番号）　電話058-264-1151（代）　©岐阜新聞社　2010

I LOVE GIFU　SINCE 1881

太平洋戦争末期の1945（昭和20）年8月6日、広島市上空で米軍が原爆を投下した瞬間を、広島湾に浮かぶ島と船上で目撃した2人の県民がいる。いずれもその後、被爆地に入り、劫火（こうか）に焼かれた街や被爆者の惨状を目の当たりにした。一人は文章にして人にも語り、もう一人は「思い出すことも苦しく」「家族にも長く話さなかった」が、「匿名なら」と取材に応じた。「一般人も巻き込む、戦争のむごさ」「平和の大切さ」が共通する思いだ。

（永井豪）

トラックで被爆者集めた

3度のがん「平和は大切」

広島原爆のきのこ雲を見た体験を語る宇野弘さん＝岐阜市加納清水町

岐阜市加納清水町の会社社長宇野弘さん（82）は山県市高富町出身。44年10月、岐阜中4年の時、17歳で広島市の10㌔ほど南の江田島（江田島市）にある江田島海軍兵学校に入校。そこできのこ雲を見た。

45年8月15日、戦争は終わった。帰郷命令が出た19日夕、宇野さんは東北出身の同期生と2人で島を出て、深夜に宇品港に到着。荷物が重く、近くの仮小屋の住民にリヤカーを借りた。「兵学校の生徒さんなら」と貸してもらい、駅まで荷物を運んで返却に行った。

「広島駅は曲がりくねった鉄筋だけ、コンクリートはがれきとなって崩れ落ちていた。街は目を覆うばかり。暗闇を白っぽい服でふらふら歩いていたのは被爆者だったか。あちこちで破れた水道管からあふれる水を何度も飲んだ。駅まで約4㌔を2往復、約10時間もいたせいか、ここ十数年で単発のがんを3度も手術し、じん臓などを切除した」と語る。

「原爆が落とされた後、兵学校で1㍍四方の白布が一枚ずつ配られ、目出し帽のように穴をあけてかぶれるように自分で縫った。そんなことで新兵器に太刀打ちできるかと思ったが、広島のまちを歩いて、まざまざとその恐ろしさを実感した」

5人兄弟の四男。中国に出征した長男は無事帰ったが、三男は22歳でサイパンで玉砕。

「海軍は命を大事にすると思って兵学校に入ったが、神風特攻隊など死を前提にした作戦が始まり、本土決戦などと言われると暗然たる気持ちだった」と回想。「今の若い人は平和の大切さをよくかみしめてほしい。戦争というのは憎しみだけ。人類は殺しあってはならない」と話す。

◇

もう一人は岐阜市の男性（84）。42年6月、大竹海兵団（広島県大竹市）に入り、機関兵に。原爆投下の日は呉市の小学校に米を運ぶため、カッターボートで広島湾を南に向かっていた。

「雷か何か、すごい山鳴りがしたので振り向いたら、きのこ雲が大きく見えた。火薬庫が爆発したかなどと言っていたが、2、3日して新型爆弾と聞かされた。10日後ぐらいから3日間、広島市に行き、その辺をふらふらしている被爆者をトラックで広場に集める作業に従事した」

「皮がひどくむけていたり、ボロボロの服の女の人も。焼けて炭化した遺体も見た。痛い痛いと言う声も。もう思い出したくない」

男性は今も生々しく脳裏によみがえる光景を振り払うように首を振り、話を続けた。

「6歳上の兄はフィリピンで戦死。私も一つ間違えば南方へ送られたかもしれない。敗戦で、やれやれと思った。帰ったら、岐阜の街も焼け野原だった」

被爆地にいた体験は誰にも長く話さなかった。「もしや、放射能の影響が」と恐れたからだ。無事に娘が生まれ、孫も育った今、初めて他人に明かした。

きょう広島原爆の日

広島は6日、被爆から65年の「原爆の日」を迎え、広島市中区の平和記念公園では午前8時から「原爆死没者慰霊式・平和祈念式」（平和記念式典）が営まれる。核兵器廃絶を強く訴える国連の潘基文（パンギムン）事務総長や、原爆を投下した米国からルース駐日大使が初めて参列する。

【関連記事3面に】

潘事務総長は5日夕に広島入りした。これに先立ち同日午前、長崎を訪問し「このような兵器が二度と使われないようにする唯一の道は、すべてを廃絶することだ」などと述べた。

式典には過去最多の74カ国が出席する。核保有国で初めて参加するのは、米英仏の3カ国。ほかにロシアやパキスタン、事実上の保有国イスラエルや、核開発疑惑のあるイランも参列する。過去に出席例のある中国とインドは今回欠席する。6月に就任した菅直人首相も出席する。

広島原爆の日に掲載された私のインタビュー記事
平成22年8月6日付け岐阜新聞

　そして、一国のリーダーの見識がいかに重要か、日本は戦争に負けて身にしみたはずだ。

「彼を知り己を知れば百戦あやうからず。彼を知らずして己を知れば一勝一負す。彼を知らずして己を知らざれば、戦う毎に必ずあやうし」という故事がある通り、アメリカの国力を軽んじたとしか思えない。アメリカなどという大国と戦ってどうやって勝つつもりだったのか。開戦に踏み切った日本の指導者たちは道をあやまり、多くの国民を犠牲にしたのだ。その罪は深いと言わざるを得ない。

第四章　戦後の混乱

終戦時、私は十八歳だった。岐阜に戻ってみると、とにかく何もなかった。

お金もなければ、食べるものも住む家もない。

食べるものといえば、三食とも雑炊だった。水にくず野菜やほんの少しの米を入れて煮たものだ。ほとんどがお湯で、ところどころに米などの具が浮いているようなものだ。水で空腹を紛らわせていた。食べ盛りの青年がそれで満足できるわけがない。いつも「お腹すいたなあ」と考えていたものだ。しかし周りを見渡せば、お金持ちなどおらず、どこの家も同じように苦しい状況だったので、仕方ないと耐えることができたのだろう。

住む家は何とかしなければいかん、と父と兄秀雄、私は考えた。幸運にも山県郡高富町（現山県市）は戦火を免れており、高富町にあった私の生家は焼けずにそのまま残っていた。その家を、岐阜市天王町まで移築することにしたのだ。

家の解体と建築は、大工に頼んだが、材料を運ぶのは自分たちでやった。

解体された柱や天井板、戸やふすまなど、重い建材を荷車に積んで、高富町から岐阜市まで運んだ。父、秀雄、私の三人で十往復くらいはしただろうか。そんな苦労をしながら、住む場所は何とか確保できた。

近所では、家を建てられるような人はいなかった。防空壕の中で暮らしている人もいれば、金華山から木を切り出して運んできて、丸太とベニア板で小屋のようなものを建てて住んでいる人もいた。

岐阜市の神田町通りには、やがて市内電車の軌道沿いに露店が立ち並ぶよう

終戦直後の一面焼け野原となった柳ケ瀬付近、
あちこちにバラックが建ち始めた

になった。ちょうど現在の岐阜駅から柳ヶ瀬のあたりまで、バラック街はずっと続いていた。配給はあったのだが、待っていたって、ろくなものはもらえない。そこでバラック街のいわゆる闇市で、日用品のあらゆるものが売られるようになっていった。秋を迎えると、岐阜市周辺の農家が柿や野菜を並べて売っており、にぎわっていたのを覚えている。

岐阜に戻ってしばらくたったころ、兵学校の生徒への手当として五百円が支給された。私は、そのお金を学費に充てることにして、学校を探した。

まず見学に行ったのは、友人の通っていた名高商(現名古屋大学経済学部)だった。当時は鉄道も満足に走ってはおらず、名古屋の学校に行くのなら、寮住まいは避けられなかった。

まず友人を訪ねて寮に行ってみたのだが、一歩足を踏み入れた途端、ノミが足首あたりまでびっしりとのぼってきて、びっくり仰天した。

「とてもこんなところには住めん」

と思った私は、名高商の試験を受けるのはやめた。

家から通える範囲にある学校を探して、岐阜高等農林専門学校（現岐阜大学農学部）農芸科学科を受験した。現在の各務原市那加にキャンパスがあった。晴れて合格し、昭和二十年十月、二年生に編入することになった。しかし、よく考えると旧制中学が五年制だったところ、私は岐阜中学の四年から兵学校に行った。それなのに高農には二年に編入だったので、二級飛び越してしまったわけだ。いかに終戦直後は混乱していたかがよく分かる。

名鉄各務原線で長住町駅から高農前駅という駅まで通った。靴などはなかったので、下駄でカランコロンという音を立てて歩いた。当時、各務原には進駐軍の駐屯地があったので、汽車の中は米兵でいっぱいだった。

今から振り返ると、高農での学生時代は物資も教育環境も何もかもが著しく不足していた。

高農前駅から校舎までの間には、幅二十メートルほどの川が流れていた。木の橋が渡してあったのだが、橋の板は朽ち果てて、飛び飛びにしか板がなかった。一メートルほど飛んでいる箇所もあった。行政も橋を修理する余裕などなかったのだろう。学生たちは仕方がないので、ぴょんぴょんと跳び越えて渡っていたのだ。

ある朝、私がその橋を跳び越えようとすると、足を踏み外したのか、川の中で男性がうつ伏せになって倒れているのを見つけた。どうやらある科の教授らしい。学生たちが、

「〇〇先生が死んどるぞ」

と騒いでいた。

橋から川面までは高さ十メートルほどあったので、打ち所が悪ければ死んでしまうのも無理はない。誰かが警察に通報したのだが、警察もなかなか来ない。やっと来たと思えばパトカーではなく、自転車をギコギコと漕いでやって来たのだった。気の毒な出来事だった。

学業の面でも大変だった。同級生は一年生から基礎科学や教養科目をしっかり学んできているわけだから、二年生から飛び込んだ私は、ついて行くのに必死だった。

編入してすぐにドイツ語の試験があった。ドイツ語の教科書の表紙は、ヒトラーとムッソリーニが握手をしているという、とんでもない写真だったのを覚えている。海軍兵学校では英語教育はさかんに行われていたが、ドイツ語などはまったく分からなかった。仕方なく、答案用紙には名前だけ書いて、あとは白紙のまま提出した。

するとドイツ語の先生が、

「何で名前を書くんだ。名前を書いたら点数をつけないといかんだろう。名前を書かない方が都合がいいんだ」

と言って、私の目の前で答案用紙を丸めて捨ててしまった。その先生の計らいで、無事に進級させてもらえたのだった。

科学を学ぼうにも、フラスコやビーカーなどの実験器具は不足しており、教科書さえもなかった。多少はあったもののずいぶんと質の悪いものだった。実験するにはガスが必要なのだが、ガス栓をひねっても、いつも出るわけではない。火を使えずに実験を中断せざるを得なかった。

このような状態の中で、高農祭という祭りに合わせて、「アミノ酸しょうゆ」というものを作った。家庭にはしょうゆがなかったから代用品を作ろうと考えたのだ。これは大豆かすに塩酸を加え、加水分解し、それに化成ソーダを加えて中和したものだ。塩酸と化成ソーダが中和されると酸化カルシウム(食塩)ができるので、塩味がするのだ。これにカラメルで茶色い色をつけ、しょうゆの色に似せた。

岐阜學生新聞

農学部の思い出

▲那加キャンパスにある岐阜大学本部棟。跡地は公園などになる。

混乱期の学生生活

マルメン(株)
取締役社長　宇野　弘

（昭和二十二年農芸化学科卒）

岐阜大学の同窓会紙「岐阜学生新聞」に寄稿

しょうゆのような旨味《うまみ》はなく、決して美味しいものではないが、まあ塩味はする。醸造しょうゆに混ぜて、家でも使った。

あるとき、味噌会社に見学に行ったこ

とがあったのだが、味噌だるの中を見ると、サツマイモを蒸したものが大量に混ぜてあった。味噌の原料が不足していたので、かさ増しをしたようだった。サツマイモが混ざった味噌はどんな味がしたのだろうか、想像もできない。

このように、終戦直後はすべてがいい加減だったのだ。圧倒的にモノがない中で、いろいろと工夫して日々をしのいで生きていた。

のちに高農の同窓会で、当時教えてくださっていた先生に

「君たちにはすまなかった。何も教えてあげることができなかった」

と謝っていただいたことがあった。学問の道に生きる人間として、学生たちが十分に学ぶことができないことに、忸怩《じくじ》たる思いがあったのかもしれない。しかし時代が時代だったので、私としては仕方のないことだという思いだけである。

昭和二十二年三月、高農を卒業した私は、名古屋市の渡辺製菓という会社に研究員として就職した。社内では「明治、森永、渡辺の三大製菓」と自社のことを持ち上げていたが、実際のところは少し言いすぎだっただろう。ビスケットなどを主力商品にしていた。

私が作っていたのは、チューインガムだった。鉄板の上で松ヤニを溶かし、なたね油、サッカリンを混ぜて作った。サッカリンのおかげで少しは甘みがあったが、今から思うとよくそんなものを食べていたな、という代物だ。

しかし、進駐軍の姿を見れば、子どもたちが「ギブミー、チューインガム、チューインガム」「ギブミー、チョコレート、チョコレート」と言って、群がっていた時代だ。そんなチューインガムでもよく売れた。宝くじの景品が菓子だったほどだ。

私よりも少し後に研究室に配属されてきたのが、のちに妻となる美紀子

渡辺製菓に勤めていた時の同僚(後列左が美紀子、左から二番目が私)

だった。長野県諏訪市の出身で、二歳年上の美しい人だった。私は中学、海軍兵学校、高農と男社会の中で生きてきて、女性と接するのは初めてだった。私は、一目見て「きれいだな」と好意を持った。彼女も私に好意を持ってくれていたようで、二人は付き合うことになった。

そのころ、長兄秀雄、次兄馨もそれぞれに第二の人生を歩み始めていた。

秀雄は、戦時中は各務原市にあった「川崎航空機」という会社に勤めていた。一度は中支戦線に出征したものの、帰ってきてからは航空機を作るのに必要な技術者として、召集を免除されていた。終戦とともに会社が閉じられたため職を失い、何とか日銭を稼ごうと考えていた。

川崎航空機には、飛行機をつくるはずだった鉄板やジュラルミンなどが散乱していた。それを拾ってきては、自分でフライパンに加工し、北海道などに行って、売って歩いていた。

馨は舞鶴で終戦を迎え、海軍省が第二復員省と名前を変えた後もそこに残って、昭和二十一年三月まで終戦処理をした。日本海には戦時中に米軍が仕掛けた機雷がそこら中に浮いており、危なくて船が通行できないので、その機雷を銃で狙い撃ちして爆破処理をする任務だった。

その任務が終わると、愛知県蒲郡市にあるごま油製造の「竹本油脂」という会社に就職した。海軍は塩を製造して売っており、竹本油脂と塩の取引をしていた縁があったため、請われて入社したのだ。馨は、社内ではその能力を買われ、「竹本油脂の至宝」とまで言われて重宝されていたそうだ。

渡辺製菓に勤めて二年ほど経ったあるとき、馨が訪ねてきて、

「おい弘、こんなところでサラリーマンをやっておってはいかんぞ。これからは自分で商売をする時代だ」

と私に言った。

その言葉に、私はハッとした。製菓会社での仕事も決して悪くはなかった。しかし、私は自分の腕を試したくなった。すぐに会社を辞め、馨のいた蒲郡に行った。そこで居候をしながら、自分の身を立てる道を模索した。

当時の蒲郡には機屋《はたや》がたくさんあり、綿織物の産地だった。

（よし。繊維の仕事をやってみよう）

と私は思った。世の中が復興しようとしているとき、まず必要になるのが着るものだと思ったからだ。

竹本油脂社長の親戚に繊維の仕事をしている人がいたので、その人について繊維の勉強をした。

最初は、機屋になろうと思った。小屋に転がっている古ぼけた織機をもらい受け、川で洗ってベルトやモーターを自分で付け替えた。そして綿糸を買ってきて、染色、精錬、成形し、その織機にかけて自分で反物を織ってみた。それまでは繊維のことなどまるで知らない素人だ。試行錯誤しながら、必死に研究した。

ところがそのうち、機屋だと一日の生産量がどうしても決まってしまうと気付いた。一日中頑張ってみても、織機の数だけしか生産は見込めない。

（これでは大きな仕事はできん。流通なら反物をたくさん仕入れれば、たくさん売ることができる。流通をやってみよう）

と考えた。

しかし、私はもともと商売人に向いているタイプではないという自覚があった。第一、人に頭を下げるのが嫌いだった。

母はさすが、自分の息子のことをよくわかっていた。やはり心配して、

「弘が商売をするなんて想像できない」

と反対した。

そこで兄と共同で商売をすることにした。秀雄は、東京の商店で丁稚奉公をしていた経験もあり、人当たりが良く物腰も柔らか。根っからの商売人というタイプだったからだ。それでようやく、母も納得してくれた。商品は私

が仕入れ、秀雄がそれを売ることになった。
私は毎日自転車を飛ばして、蒲郡中の機屋に飛び込んで行っては、反物をたくさん買い付けた。それを北海道にいる秀雄に送り、秀雄がその反物を売り歩いた。

北海道は物資不足が激しかったので、反物は飛ぶように売れた。その売上金で、秀雄は小豆を買い、私に送ってくれた。小豆はとりわけ貴重品で、どこでも欲しがっていた。名古屋市の松坂屋にも「売ってくれ」と頼まれ、何度も売りに行った。そして私は、小豆を売ったお金でまた、蒲郡で反物を仕入れ、北海道に送った。

その取引をしばらく繰り返し、私と兄はずいぶん資金を蓄えることができた。なにしろ物がなく、何を売っても誰かが買ってくれる時代だったとはいえ、うまく波に乗ることができたのだと思う。

私が辞めた渡辺製菓はその後どうなったかというと、数年後に倒産してしまった。昭和二十五年に朝鮮戦争が始まり、米軍向けに乾パンなどの携帯口糧を作っていたのだ。初めのうちは順調でまさに特需景気の恩恵を受けていた。これはチャンスだと思ったのだろう、材料をたくさん買い込んだのだが、二十八年に戦争は突然休戦となり、売る先がなくなってしまった。在庫を大量に抱え込んでしまい、事業が立ち行かなくなったのだ。

会社を辞めるときには、倒産するなど予想もしていなかった。人生というものはどこに分かれ道があり、その先がどうなっているのかは、全くわからないものである。

朝鮮戦争の特需は、日本経済に吹いた「神風」だったという人もいる。アメリカは、毛布などの生活物資、兵士たちの薬や衣類を、日本がいちばん近いからという理由で、日本で全部作らせた。いわば日本は兵站《へいたん》基地だったのだ。朝鮮戦争以前は、必要な物資があればGHQが日本政府を通して調達していたのが、戦争勃発後はGHQがじかに調達した。そのために日本の企業が活発に活動できるようになったようだ。

当時のトヨタ自動車販売社長が、年間三百台しか売れなくて困っていたトラックが、朝鮮戦争が始まるとGHQからひっきりなしに注文が来て、ひと月で千五百台も売れた、とのちに振り返っていたそうだ。

特需景気は、私も身をもって感じていた。仕入れた反物は蒲郡の自分の下宿部屋に保管していたのだが、その価値は日に日に上がり、気付いたら十倍近くに値上がりしていた。同時に、特需の追い風を受けて、故郷岐阜市の岐阜駅前に問屋町ができるという話を耳にした。昭和二十五年の夏ごろであったと思う。

(これは北海道で売っている場合じゃないぞ)

私は秀雄に連絡をして、岐阜に呼び戻した。そして私たちは、問屋町での店舗購入に向けて、動き出した。

日本は戦争に負け惨めな思いをしたとはいえ、相手がアメリカだったからまだ良かったのではないか。ソ連などに敗れていたら、また複数の国に占領されて分断されていたら、現在の自由と繁栄はなかっただろう。

それにしても、北朝鮮は今ではとんでもない独裁国家で、国際社会の声など完全に無視をして、拉致や核実験、ミサイル発射などを繰り返す無法者である。マッカーサーは北朝鮮を倒すべきだと主張し、アメリカ本国の方針と合わずに指揮官を解任されたという。あのときアメリカは、北朝鮮を徹底的に叩《たた》いておいた方がよかったのに、と今にして思う。

第五章　問屋町での起業

繊維の道に足を踏み入れた私は、昭和二十五年に岐阜問屋町で兄秀雄と、反物を扱う会社を起こした。

ここで、まず問屋町の成り立ちを少し振り返ってみたい。

もともとは敗戦と同時に、満州をはじめとする海外から引き揚げてきた人々が建てたバラック街が始まりだ。全国でおよそ六百六十万人の引き揚げ者がいたとされる。その人々の多くは、持ち出せる財産が制限され、着のみ着のまま引き揚げてきたため、日本での住まいや食料難に悩まされた。

岐阜市も同様で、終戦直後の岐阜駅前には「引揚者援護学生同盟」の面々が詰め、駅に降り立った復員軍人や引揚者に湯茶の接待や案内をしていたという。思わぬ湯茶の接待で心を癒された人々がそのまま居ついたようで、その人々がバラックを建て、闇市を始めたのだ。満州の地名にちなんで「ハルピン街」と呼ばれるようになったその市場は三十店くらいから始まり、その後どんどん拡大していった。

そのうち、ハルピン街のリーダー格だった男性が「繊維以外は受け付けない」という方針を打ち出した。繊維といっても古着以外は何もないのだが、空襲を逃れた地域のタンスに眠っていた古着が一気に放出された。

全国津々浦々で「岐阜に持って行けば売れる」、「岐阜に行けば買える」という評判が立ち、岐阜市が古着の一大マーケットになった。

とはいえ、本当は古着などの物資は、国が一度回収して各県の人口に照ら

昭和22年ごろのハルピン街

し合わせて配給しなければいけないものだった。ところが、時の武藤嘉門岐阜県知事が「正規以外のルートでも、県内から出た衣料品は県民へ配給する」という条例を作った。「衣料統制法」という法律の拡大解釈という特別措置だった。超法規的ともいえるこの措置が、岐阜市の繊維産業の礎を築いたことは間違いないだろう。

戦後二、三年も経つと、古着だけでは人々は満足しないようになってきた。「では新しい服を作って売ろう」ということになり、押入れで眠っていたミシンが引っ張り出され、ガタゴトと動き始めた。こうしてハルピン街の人々は、取り締まりの目をかいくぐりながら、一宮の生地問屋や尾西・笠松の機屋まで生地を仕入れに出かけ、岐阜の繊維街は発展していった。

そんな中、岐阜市が岐阜駅前一帯の都市計画に着手した。ハルピン街を立ち退かせて、駅前を整備しようとしたのである。二十四年に西問屋町などに岐阜市が百四十九戸建設し、ハルピン街の人々が入居したのが岐阜繊維問屋町の発祥である。

昭和二十五年に勃発した朝鮮戦争の特需もあり、繊維業界への追い風は凄まじいものがあった。二十五年から二十六年にかけては、次々と繊維街が建設された。このころ完成した繊維街は中央通り、一条通りをはじめ、一丁目、二丁目、三丁目本通りなどがあり、二十七年には四丁目、三丁目東、二十八年に南問屋町、東一丁目、西四丁目、東海繊維ビルと続き、急速に拡大していった。

私と秀雄は、蒲郡と北海道での商売で得た資金を元に、二十五年九月に一条通りに店舗を折半で購入、十二月二十五日に「(株)丸宇商店」を設立した。当時は屋号に「丸〇」とつけるのが流行《はや》っていた。だから丸に宇野の「宇」をつけて、「丸宇」とした。二階建ての長屋で、一階を店舗とし、私は二階に住むことになった。

同じころ、私は結婚した。

仕事が軌道に乗り始めていたので、父や兄から「身を固めないかん」と薦められたのだ。私は渡辺製菓に勤めていたころの同僚で、付き合いのあった美紀子を伴侶に選んだ。

（結婚するなら、この人だ）

と心に決めていた。

美紀子は長野県諏訪市の出身だったので、父とともに結納を持って諏訪を訪ねた。そして二十六年三月三十日に岐阜市民会館で挙式した。その後、一男二女の子宝にも恵まれたのだが、家族の思い出は後章にしたためたい。

こうして私と美紀子は、一条通りの店舗の二階で新婚生活をスタートさせた。

新婚生活といっても、私は毎日休みなく働き、美紀子は五人ほど雇っていた従業員の食事作りなどに追われ、慌ただしく過ぎていった。

まだまだ世の中は、着物で生活する人が多かった。銀行に行っても窓口の男性はみんな着物で働いており、女性はモンペで暮らしていた。労働着として綿織物が必要とされていたのだ。相変わらず店での接客は秀雄に任せ、私はもっぱら仕入れを担った。毎日のように蒲郡や静岡県浜松市まで汽車で通い、綿織物の反物を買い付けた。

国鉄の汽車は、今のように冷房設備などはない。夏になると窓を開け放して風を入れるのだが、汽車が吐き出す煙で真っ黒になったものだ。困ったことに、窓から入ってくるのは煙だけではない。汽車内にあるトイレは、ある程度便がたまると底板を開けて捨てていた。走行中にそれをやるものだから、そのしぶきは運が悪いと客室にまで飛んでくる。窓際の席に座っていたときに、私も何度かそのしぶきを浴びて、服が黄色くなってしまったものだ。現代でそんなことをやったら弁償ものだろう。おおらかな時代だった。

毎日のように仕入れに行っては、反物を四百から五百ほど買い付けた。最初は自分で持って帰っていたのだが、だんだんと量が増えていったのでトラックで岐阜まで送るようになった。どれだけ仕入れても面白いように売れた。振り返ると、「よくあんなものが売れたな」と思うような品物でも、まるで吸取り紙が水を吸収するかのような勢いで買われていった。

土曜日も日曜日も関係なく、毎日働いた。戦前・戦中・戦後の、食べるのも満足にない貧しい暮らしが骨身にしみていた。

（もう貧乏は嫌だ）

私はその一心だった。貧乏することに比べれば、休みがないことはさほど苦にならなかった。

昭和二十七年九月、私は秀雄との共同事業から独立し、「（株）丸綿商店（のちのマルメン株式会社）」を立ち上げて社長となった。一条通りの店舗では手狭になり、問屋町三丁目に新店舗を購入した。同時に番頭を任せられる人材を探さなければいけないと思い、名古屋市長者町の呉服店で番頭をしていた田中元始という男を引き抜いてきて、店の仕切りを任せた。

やはり終戦直後とは違い、徐々にいいものでないと売れないようになってきた。私はいい商品を仕入れようと、蒲郡や浜松だけでなく、仕入れ先を全国に広げた。東京都八王子市、群馬県伊勢崎市、桐生市、栃木県足利市などにも行った。綿織物だけではなく、紬《つむぎ》も仕入れた。紬といっても「結城紬」は高級品だったので、そのまがいものだったが、これがとにかくよく売れた。

このころ、問屋町は繊維の一大マーケットとして全国に名が知られるようになっていた。産地の方から売り込みに来るようになり、お客さんも県内全域、滋賀県、福井県から来るようになった。

朝七時に従業員が店の雨戸を開けて、開店準備をしようとすると、もう店の前に行商のおばちゃんたちが列をなして待っていたものだ。当時の小売業は、店舗を構えて商売をしている人はほとんどなく、行商が中心だった。世の女性たちはみんな、自分で着物を仕立てることができたので、行商から反物を買い、家族の着るものを家で作っていた。

昭和二十八年ごろの問屋町といえば、背広などの紳士服を取り扱う既製服業者が台頭していた。

終戦直後のハルピン街当時に、古着から新品へと商品が移り変わったころは、相当ひどいものをつくっていたようだ。『岐阜繊維問屋町連合会結成二十周年　問屋町の歩み　岐阜産地の人々』（東海繊維経済新聞社）には、「紳士服は、芯が麻袋のようなドンゴロス、ポケットはスフ、それも焼け残りの良い所だけ切って作ったもので、ちょっと引っ張るとビリッと破れてしまう。とにかく何もなかったのだから仕方がない」と書いてあるほどだ。

だが次第に、品質向上を求める動きが活発になった。「岐阜既製服振興協同組合」の参加組合員による共同事業で、縮絨《しゅくじゅう》工場を作るなど、問屋町の盛り上がりはとどまることを知らない勢いだった。

私はというと、丸綿商店を始めて一年くらい経ったころだ。問屋町は、ほとんどが既製服を扱う業者で、私のように反物を扱う店は異質ではあった。しかし商売は相変わらず順調だったので、私は既製服には手を出さずに初志貫徹しようと思っていた。

木綿の反物はまだまだ売れていた。しかし先を見通してみると、労働着や普段着としての綿織物の需要は、果たしてずっと続くのだろうかと疑問を持った。また男性というのは、それほど着る物にこだわるわけではない。これからは、女性が着飾るための着物を求めるようになるのではないか、と私は考えた。

「女の人たちもいつまでもモンペをはくだけで満足しているわけはない。毎日の暮らしに余裕が出てくれば、よそいきの着物が欲しくなるだろう」

普段着は木綿、よそいきなら絹。そこで、絹織物を仕入れることにした。私は、京都の友禅なども買い付けに出向くようになった。

昭和三十年代に入ると、高度経済成長時代に入り、どんどん世の中が変わっていった。トヨタ自動車やナショナル(現パナソニック)など、名だたる大企業が、大きな発展を遂げた時期である。

私は、仕入れで毎日のように全国各地を飛び回っていたのだが、特に浜松市にはよく行っていた。浜松には、現在の自動車会社「スズキ」の前身である「鈴木式織機」という会社があった。汽車の車窓からその看板を眺めていたのだが、ある日突然、その看板が「鈴木自動車工業」に変わっていた。

(一夜にして、自動車屋に変わったのか)

と驚いた記憶がある。

問屋町には全国から小売業者が殺到し、手形による取引をする業者も増えた。出入りする業者が増えれば増えるほど、インチキな商売人も紛れ込むものだ。どんな業者かも分からないうちに大量注文を手形で受け、商品を持ち逃げされたと泣く会社や、売り先が倒産して連鎖倒産する会社も多かった。

私は手形が嫌いだった。どれだけ大量に買いたいと注文をしてきても、よほど付き合いの深い相手でない限り、原則は現金で支払ってもらった。やむなく手形で取引をするときでも、「この手形は大丈夫か」と銀行に相談した。大垣共立銀行の問屋町支店には岐阜中学の同級生・多賀一郎君という男が勤めており、よく相談に乗ってもらった。

この多賀君というのは実に堅実で、のちに大垣共立銀行専務にまで上り詰めた。まだ多賀君が若い行員だったころ、一緒にゴルフに行き、岐阜関カントリーでホールインワンを決めたことがある。ホールインワンを決めると、自腹で友人を招待して祝賀会などを催すものだ。しかしそのときは
「出世払いにしてくれ。出世したらやる」

と言って祝賀会をやらなかった。何十年も経って多賀君が専務になったときに、私は、

「おい、ホールインワンの祝賀会がまだだぞ」

と水を向けたのだが、

「もう時効だ」

と言って断ったので、私はおおいに笑った。ここまで堅実でないと、銀行という組織で出世できなかったのかもしれないと思った。

マルメン商店の商売は順調だった。昭和三十年には問屋町三丁目か二丁目に移転し、店舗面積は倍増し、従業員も増えていった。昭和三十九年には玉姓町に家屋と倉庫を新築。創業当時からの社員だった山田聖と、妻美紀子の妹ゆき子が結婚することになったので、玉姓町には山田夫妻が居を構えた。

創業から二十五周年を迎えた昭和四十七年には、長住町の六階建のビルを買収した。

このビルは、別の会社が建てたものだが、その会社は「鉄腕アトム」が昭和三十年代後半に大ブームになったとき、アトムのワッペンをつけた子ども服を売り出し、その服が売れに売れて財を築いた。その利益で建てたビルだったので「鉄腕アトムビル」などと呼ばれていた。一億円の一括払いだった。当時の一億円の価値は現在よりももう少し高かったのではないだろうか。

長住町ビルオープンを記念した祝賀パーティーは、野田聖子衆院議員の祖父である野田卯一衆院議員や、上松陽助岐阜市長、平野三郎知事、西陣織の組合長らをはじめ、二百〜三百人ほどがお祝いに駆けつけてくれた。女性社員たちはみんな振袖を着てお客様を迎え、立食パーティーでもてなした。華やかな宴となった。

私は社長としてあいさつに立ち、

「この二十五周年をひとつの契機にして、再飛躍への足がかりをつくるべく、新社屋を設立しました。新社屋は旧店舗の三倍強の面積を持ち、今まで何かと店舗スペース狭小のためお客様にご迷惑をかけてまいりましたが、これで得意先の皆様にも喜んでいただけるものと思います」

とスピーチした。

この新社屋の開店によって、もう一段階事業を大きくしたいと意気込んでいた。同時に、開店披露記念大売り出しも行い、多くのお客様に来てもらった。

長住町ビル開店当日、社業発展を祈願する神事

祝賀パーティー
左から野田卯一衆院議員、上松陽助岐阜市長、長女洋子、私

マルメンの長住町ビル。創業２５周年にオープン

「お客様に対しては　親切
仕入れ先に対しては　謙虚
社内では　和合第一
常に希望をもって社業の向上発展に努力し
共栄の喜びを分かち合うと共に
社業を通じて社会に貢献しよう」
これが当時の社訓である。

このころには寝具にも手を広げており、寝具部門の部長は田中元始、呉服部門の部長は義理の弟となった山田聖に任せた。また「人材の養成に成功した企業のみが伸びる」というのが私の経営理念だったので、田中と山田には社員の教育には特に力を入れてもらった。まさにこの二人が両輪となり、会社を引っ張っていってくれた。

現場は二人に任せていたが、私も経営者としてアイデアは出した。

岐阜バスと提携して、反物に旅行券をつけて売り、買ってくれたお客様を旅行に招待したのだ。私の顧客は小売店なのだが、小売店で反物を買ってくれるのは主に女性だ。ところがこのころは、女性の娯楽というのがほとんどなかった。そこに目をつけたのだ。この旅行は「ひまわり会ツアー」と名付けていろんなところに行ったが、小売店が自分のお客を大勢連れて参加してくれた。みなさんは、とても喜んでくれた。

名古屋市の御園座を一週間貸し切り、美空ひばりを呼んで公演を開いたこともある。また京都市の南座で村田英雄の公演をしたのもいい思い出だ。また昭和五十年には、香港へ百人乗りの飛行機を三機チャーターして行ったこともある。約三百人の団体で行くのだから、大騒ぎだったが楽しかった。昭和五十四年にはアメリカ西海岸のロサンゼルスに行った。まだ日本に東京ディズニーランドができる前だったので、ディズニーランドに行こうと企画したのだ。この旅行には娘の洋子と記代も同行した。洋子は結婚したばかり、記代は就職したばかりだった。娘とのいい思い出をつくることができたと思っている。

このように、毎年お客様にどうやって喜んでいただこうかと考え、旅行先を決めるのが私の役目であり、楽しみでもあった。

マルメンの記録を見てみると、昭和四十年十月～四十一年九月の売り上げは二億四千四百八十八万八千六百一円。ここから年々右肩上がりに業績が上がり、ピークの昭和四十八年十月～四十九年九月は十億六千六百七十九万六千八百四十一円にまで成長した。この後もしばらく堅調に推移。昭和五十年代後半になると徐々に減ってはきたものの、年号が平成に変わるころまで事業はおおむね順調だった。

ここまで事業が成長したのは、高度経済成長という時代の勢いもあっただろう。また優秀な社員に恵まれ頑張ってくれたおかげでもある。私の経営アイデアが時代の波をうまく捉えたのかもしれない。

戦後の焼け野原から興った問屋町を主戦場にして、「貧乏はもうごめんだ」という一心で私は働いてきた。その頑張りがあったからこそ、年をとった今、余裕のある暮らしができているのだろう。ありがたいことである。

第六章　不動産業への進出

問屋町での繊維業と並行して、私は不動産業に手を広げた。昭和三十年代のことである。

昭和三十六年の経済白書では「もはや戦後ではない」と記されるほど、経済発展はめざましく、一般庶民の消費意欲は高まっていた。そして衣食住のうち、衣と食は広く行き渡るようになってきた。

（これからは住の分野だ）

と考えたからだ。

親しくしていた不動産業者がおり、その業者を自分の車に乗せて、毎日のように土地を見て回っていた。最初に縁があったのは岐阜市茜部の田んぼ約二百五十坪だった。田んぼの持ち主の農家と不動産業者が知り合いだったからだ。一坪あたり二万円で購入した。昭和三十六年のことだった。

最初に買ったこの土地は、すぐに岐阜市加納栄町通四丁目の土地家屋を所有していた知人と交換することになったのだが、昭和三十七年には同じく茜部に二百三十坪、そこに隣接する土地を買い増すかたちで翌三十八年には二百三十四坪を購入した。いずれも一坪あたり二万円ほどだった。加納栄町通の家屋は自宅にして、問屋町から引っ越すことにした。

このころ、岐阜でも少しずつ車が走るようになっていた。

昭和三十年代の初頭、車といえば企業か官公庁の公用車くらいで、オーナードライバーといえば大病院の院長など大金持ちだけしかいなかった。トヨタ自動車が昭和三十年にクラウンを発表したのだが、庶民にとってはまだまだ高嶺の花だった。「当時の大卒の初任給は一万円少々、クラウンはその一〇〇カ月ぶんである。かりにいまの大卒の初任給を二〇万円とすると、クラウンの価格はいまのお金にして二〇〇〇万円」(『ぼくの日本自動車史』徳大寺有恒著)という時代だった。

その後、大量生産の技術が発展して徐々に価格は下がり、徐々に車を買う人が出てきた。そして昭和三十年代も後半に入ると、ずいぶん普及してきたのだ。

茜部に買った土地の近くには、市営アパートが三棟あった。

(この市営アパートの住民も、そろそろ車を持ち始めるころではないか)

と私は考えた。

このため、田んぼを埋めて整地して、駐車場として貸し出しを始めた。この後も近くの土地を買い増して、全部で三反(約三千平方メートル)ほど買い、駐車場にした。案の定、駐車場の借り手は徐々に増えて、この土地はのちに平成に入ってからマンションを建てるまで、駐車場とした。

ちょうどそのころ、十六銀行問屋町支店の行員で、私の会社の担当だった

宮田利夫氏(仮名)が、

「宇野さん、宅建(宅地建物取引士)の資格を一緒に取らないか」

と言ってきた。この宮田氏というのは、のちに時計の量販店を創業する男だ。不動産には興味があったので、宮田氏に付き合うことにし、昭和三十八年七月に宅建の資格を取った。私が不動産業を拡大していくようになったのは、この宮田氏の影響だと言っていい。


そして昭和四十年代に入ると、田中角栄によって「日本列島改造論」がぶち上げられ、日本各地に土地ブームが起こった。日本列島改造論は、日本各地を高速道路や新幹線で結び、地方の過疎と東京一極集中の過密を同時に解決しようと目指したものである。「一億総不動産屋」という言葉が生まれるほど、企業も個人も、日本各地で土地を買った。そして地価は見る見るうちに値上がりしていった。私も宮田氏に連れられ、いろんな土地を見に行った。北海道の原野に自衛隊の演習場候補地があるから見に行こうと誘われ、見に行ったこともある。

その土地ブームの最中、あるとき、私は宮田氏から土地の共同購入を持ちかけられた。

「恵那峡あたりにいい土地がある。私は一介の行員だから、一人で買うことはできないので、宇野さんも一緒に買わんか」

ということだった。私はその話に乗ることにした。

この土地は、間もなく周辺にゴルフ場建設の計画が持ち上がったので、買ったときの二十倍もの値段で売れた。宮田氏は銀行を辞め、その儲けた金を元手に、名古屋駅前でビジネスホテルを開業した。そのホテル内で時計を売っていたら、それがよく売れたことから、時計の量販店を創業した。

宮田氏は名古屋市の土地に精通していたので、紳士服チェーンの社長をしていた私の岐阜中学の同級生を交えて、名古屋市出店の相談をしたこともある。その名古屋出店の話は結局実現しなかったのだが、宮田氏とはしばらく付き合いが続いた。

その量販店は、「信じる者は得をする　信じられないこの値段」というテレビコマーシャルが有名で、柳ケ瀬などにも店があった。一時は大変な勢いだった。

最初に会ったときから「面白い男だな」と思っていたが、やはり銀行員という枠には収まり切らない人物だった。

「俺は恵那中学しか出ていない。銀行には大学卒の若い者がどんどん入ってきているので、どう頑張っても支店長にもなれない。だから俺は自分の手で頑張るんだ」

と、宮田氏は口癖のように言っていた。今では、宮田氏がどうしているのかはわからない。しかし宮田氏との出会いは、私の人生にとって有意義な出来事だった。

土地では、儲けた者も損をした者もいる。問屋町の同業者で岐阜の土地を買いあさっていた者がいた。彼は私に向かって、

「俺の土地を見せてやろうか」

と言ってきて、私が車を運転して見て回ったことがある。あそこも、ここも、と彼はいくつも指して見せた。その数の多さと広さにはびっくりした。

「俺が持っている土地の価値は二百億で、借り入れは二十億だ。だから、俺は百八十億円の資産がある」

と彼は豪語していた。ところが、一九八〇年代後半にバブルが崩壊すると土地の価値がガタガタと下がったので、借金で首が回らなくなり、本業の繊

維業まで倒産に追い込まれてしまった。

バブル期にあそこまで土地価格が膨張した背景には、「土地神話」があった。狭い国土の日本では土地の価値は下がらない、明日には今日よりも値上がりしている、と人々は信じていた。借金をして土地を買った方が得になるという税制も拍車をかけたとされる。そうであったとしても、バブル崩壊で身を崩した人々は、たちの悪い熱に浮かされていたというほかはない。

私は土地を買うにも、借り入れはしないで、必ず自己資金で買うようにしていた。このため、バブル崩壊で値下がりはしたものの、痛手を負うことはなかった。例えば最初に買った茜部の土地は一坪あたり二万円だったのだが、その価値はうなぎのぼりとなり、バブルがはじけた後も一坪あたり四十万円ほどで推移しているので、損をすることはなかった。

繊維業と並行して、土地を買ったり売ったりして不動産業をやっていたが、繊維業は徐々に業績が上がらなくなってきた。絶頂期の昭和四十七年から四十九年には年間売り上げが十億円を超えていたのが、九億円、八億円、七億円と少しずつ下がっていった。

日本経済全体を見ると、高度経済成長期が昭和四十八年の石油ショックで終わりを告げ、その後の安定経済期、昭和六十年代のバブル期を経て、日本は世界有数の経済大国となった。昭和六十二年には、一人当たりの実質GNPがアメリカを追い越し、スイスに次いで世界第二位となった。日本中が豊かさとバブルの景気に沸いていた。

豊かになればなるほど、いい商品でなければ売れなくなっていくものだ。問屋町の既製服業者もこのころには、イタリアやフランスと交流するなど、ファッション都市としての存在をアピールしようとするのだが、やはり東京や大阪といった流行の最先端を行く大都市には勝てなかった。問屋町の勢いはだんだんと衰えていった。

呉服が中心だった私の商売も、元号が平成に変わったころには二億円を少し超える程度になった。人々の暮らしが洋服中心となり、着物をあまり着なくなったということもあったのだろう。

私は商売に関しては、〝機を見るに敏〟というタイプだった。「繊維はもうやめよう」と早々と見切りをつけ、少しずつ従業員の人員整理をしていきながら、不動産業に絞ることにした。

駐車場にしていた茜部の土地には、大東建託に依頼し、十階建てのマンションを建てることにした。「ゴールデン50」という名称で、3LDKの四十戸のマンションが、平成十四年三月に完成した。この「ゴールデン50」は、国の制度「住宅性能表示制度」の評価を満たした県内初の物件で、新聞に取り上げられたこともある。

「住宅性能表示制度」というのは、平成十二年に運用が始まった制度で、建設大臣（現国土交通大臣）が定めた基準に沿って、耐震性や省エネ対策など約三十項目について、第三者機関が評価するものだ。

現在では、新築物件はこの制度の評価を受けているものが多いが、当時は先進的な取り組みだった。シックハウスの原因となるホルムアルデヒドへの対策が高く評価されたと聞いている。

このマンションの敷地面積は二二五一平方メートルと広いため、駐車場が一戸あたり複数台借りられるのも特長だ。このため築十年以上たった現在でも、空室が出ることはほとんどない。

また、平成十七年に岐阜市加納栄町通の自宅を壊して、七階建のマンション「メゾン・ｄｅ・ウノ」を建てた。ここは岐阜駅南口に近い単身者向けの1ＬＤＫ三十五戸だ。このほか、名古屋市名東区一社に「アップルコート一社」という地下一階地上三階建て二十戸のマンションを平成二十四年に購入している。

土地は、羽島市福寿町に一一〇五平方メートル、瑞穂市穂積町に一〇九七平方メートル、岐阜市則武に二九〇・四二平方メートル、岐阜市岩崎に二九五平方メートルを所有している。このうち穂積町はファミリーレストランチェーンに、岐阜市則武は牛丼チェーンに、岐阜市岩崎は理容店にそれぞれ貸しており、毎月賃料を受け取っている。

マンションは、「岐阜スカイウイング37」など七部屋を所有しており、このうち六部屋は賃貸に出している。

ゴールデン50

アップルコート一社

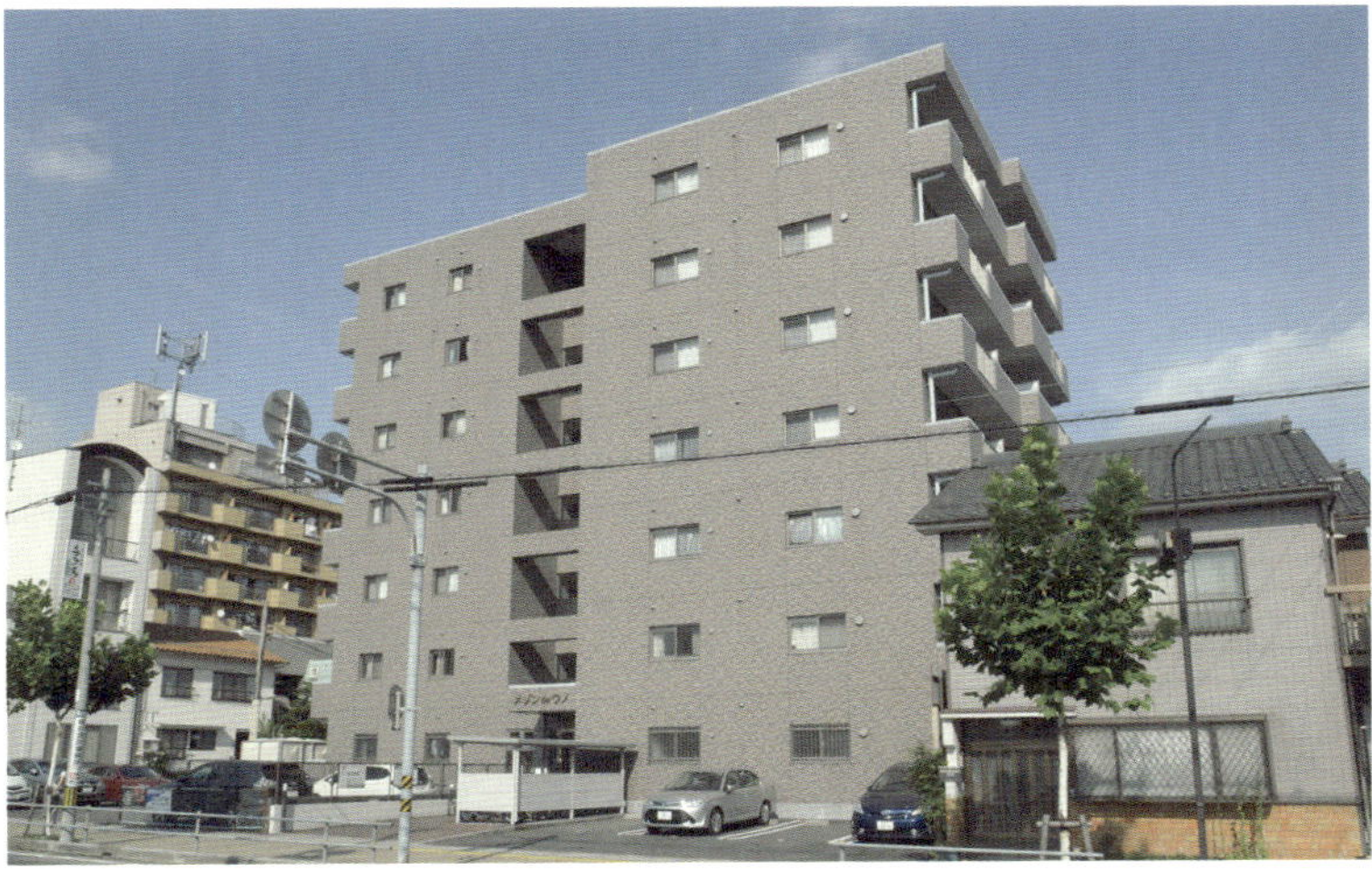

メゾン・de・ウノ

これらの不動産物件は私名義のものもあれば、美紀子名義のものもある。その管理は次女の記代にすべて任せている。よくやってくれていると感謝している。

第七章　サイパン慰霊の旅、旅行やゴルフについて

三兄喜美夫は、太平洋戦争末期、陸軍二等兵として出征し、二十二歳の若さでサイパンで戦死した。私は、長く生きていれば楽しいことがたくさんあったろうに、と喜美夫の短い生涯に思いをはせることがある。兄の慰霊をするため、サイパンを二度訪れた。

一度目は昭和六十一年七月に、「マリアナ献水会」という遺族団体の呼びかけで、長兄秀雄、三兄馨と三人で行った。喜美夫が戦死したであろうと伝えられた場所はうっそうとしたジャングルを分け入って、しばらく歩いたところだった。じっとりとした汗をかきながら熱帯ジャングルの中にいると、喜美夫もさぞ辛かっただろうな、という思いがこみ上げた。

ジャングルが少し開けた場所で、花を手向け、線香を焚いて手を合わせた。兵士たちは飢えと渇きに苦しみながら死んでいったと伝え聞いていたので、私は「どうぞ安らかに」という思いで目を閉じた。

あたりにはまだ日本兵のものと思われる骨がそこら中に散らばっていた。

二度目は、平成十七年六月に、天皇・皇后両陛下がサイパンを訪問されるのに合わせて行った。日本遺族会主催の「サイパン島慰霊巡拝団」に一人で参加したのだ。

私たち遺族は、飛行機で到着された天皇・皇后両陛下を空港でお迎えした。両陛下は、日本人が追い詰められて身を投げたという断崖「バンザイクリフ」などで慰霊をされた後、遺族との接見に臨まれた。

ホテルの広間で、私たちが待っているところに両陛下はいらっしゃって一人一人と言葉を交わされた。

私は喜美夫の写真を両手に持っていたところ、天皇陛下が、

「お兄さんですか?」

と聞いてくださったので、

「はい、そうです」

とお答えした。するとさらに天皇陛下は

「何歳でお亡くなりになったのですか?」

と尋ねられたので、私は、

昭和６１年７月、サイパンへ三兄喜美夫の慰霊。
後列右から長兄秀雄、次兄馨、私

昭和６１年のサイパン慰霊では兄弟でゴルフもした。
左が私、右は次兄馨

「二十二歳でした」

とお答えした。

その会話の後、天皇陛下は兄の写真に向かって会釈をしてくださった。また皇后陛下とは握手を交わすことができた。

後から聞いたところによると、本当は両陛下と遺族とはほとんど言葉を交わさず拝謁《はいえつ》するだけの予定だったのが、両陛下のご判断で接見に変更されたのだという。望外の思いで、感激した。

この旅には、弟昭は行くことができなかったので、昭が受けた叙勲の瑞宝中綬章の写真を預かり、喜美夫の霊前に披露することもできた。

このほか、私は旅行が好きで国内外のいろんな土地へ出かけて行った。

特に思い出に残っているのが、昭和四十八年八月に取引先と一緒に行ったソ連旅行だ。当時は共産主義国への旅行は珍しかった。スターリンが死んでブレジネフが書記長をしていた時代で、共産色は強かった。

モスクワ、レニングラード（現サンクトペテルブルグ）などを訪れ、クレムリンやエルミタージュ美術館などを観光した。エルミタージュ美術館はロマノフ王朝時代の王宮「冬宮」の中に美術品が展示されており、ピカソの作品だけで三部屋もあったのには驚いた。

共産主義国はどんな暮らしをしているのか興味を持って訪れたのだが、人々は決して裕福な様子ではなかったが、親切だった。またどの町も街並みが美しく、料理は思いのほか美味しかった。

平成元年四月には、岐阜県経済同友会の「ヨーロッパ経済・都市づくり視察団」に参加し、県内の経済人約二十人とともに、トルコ・イスタンブール、

ソ連旅行の一行。昭和４８年

ソ連旅行　クレムリンの前で

ハンガリー・ブタペスト、チェコ・プラハ、イギリス・エジンバラとロンドンを訪れた。岐阜市ではちょうど岐阜駅周辺開発など多くのプロジェクトが持ち上がっていたので、新たな都市づくりについての視座を得ようという目的だった。

現地の市長をはじめ、行政官らと面会して、まちづくりについて意見交換するなど、とても有意義な旅だった。私はヨーロッパの歴史ある街並みを見ていると、都市づくりには長期的な視点が欠かせないという思いを強くした。

この視察後には、参加者それぞれが岐阜新聞紙上でリポート記事を連載したのだが、私は「長期展望の必要性実感」と題してこう書いた。

「今回訪れた都市はいずれも古い伝統ある街並みで古い建物と新しい建物が混然一体となり、バランスのとれた景観を見せている。都市づくりには長期的展望と計画を持ち、息の長い建設をすることの重要性を知らされた。

翻ってわが岐阜市の、特に駅前周辺の現状と、再開発の遅々として進まざる事情など考えたとき、何よりも肝心なのは忍耐と根気であり、焦らず、くさらず長期的な計画を実現に向けて努力することではなかろうか。

そして何代か後の子孫に誇れる大岐阜市となることを強く望んでいる。」

この視察から三十年近く経った現在、岐阜駅周辺の再開発は少しずつ進んではいるものの、相変わらず駅前の一等地に古い問屋町が並んでいる。土地の使い方がもったいないと感じている。

さて、視察中には、当時の竹下登首相がリクルート事件や消費税導入で支持率が急落したことから辞任し、外相だった宇野宗佑氏が総理大臣になるというニュースが入ってきた。

杉山幹夫岐阜新聞社長（現名誉会長）の元には岐阜から連絡が入ったようで、杉山さんは同じ名字だった私に、

「宇野さん、宇野内閣ができるそうだぞ」

と言ってきたのを覚えている。ところが宇野首相はその後、女性問題が仇《あだ》となってわずか六十九日で辞めることになったのは、笑い話だ。

この旅では、岐阜信用金庫常務理事で、のちに理事長となる音瀬晴夫さんと同部屋になったので、とても親しくなった。それが縁で、帰国後は、他の銀行から受けていた融資をほとんど岐阜信金に替えることにした。

行き帰りの飛行機は、私はゆったり過ごしたいとファーストクラスを選んだ。しかしファーストクラスにしたのは杉山さんと私だけだった。「みんな金持ちなのにな」と私は心の中で苦笑いした。

私はゴルフも好きだった。毎週末にゴルフ場へ出かけていくほど熱中した。ゴルフを始めたのは、昭和四十三年ごろだったと思う。友人に誘われたのがきっかけだった。

そのころにはマルメンの事業が軌道に乗っていたので、現場は会社の両輪だった田中元始と山田聖に仕事を任せることが多くなった。社員が優秀なので、安心して私はゴルフの腕を磨くことができた。しかし遊びだけが目的ではなく、取引先など仕事相手とラウンドすることも多く、十八ホールを長い時間をかけてともに回れば話も弾むもので、お互いの距離を縮めるのにはゴルフは欠かせなかった。「健康、気分転換、交友」において、最適だった。

岐阜関カントリーに主に行っていたのだが、ハンディは最高で十八までいった。昭和五十八年には、岐阜関カントリークラブ競技で優勝したこともある。

あるとき、仕事上で付き合いのあった名古屋市・御園座の担当者から、

「社長。女優の山本富士子がゴルフに行きたい、と言っているのだが、一緒に行きませんか」

と声を掛けられた。私の会社の顧客を対象に「ひまわり会ツアー」という名でいろんなところに旅行に行っており、御園座での公演もよく開いていたからだ。

山本富士子といえば、昭和二十五年の第一回ミス日本コンテストの優勝者で、日本一の山といえば富士山、日本一の美女といえば山本富士子だった。ゴルフに誘われたのは、映画ではなく、舞台を中心に活躍していたころだったと思う。

会場となった愛知県・三好カントリー倶楽部に行ってみると、山本富士子は舞台そのままの白塗りの化粧をした美しい姿であらわれたのでびっくりし

た。

「女優さんというのは、プライベートでもしっかり化粧をしなければいけないから大変だな」

と私は思った。さらに驚いたことに、山本富士子は銀座で買ってきたという高級時計をお土産として、私にくれた。その気遣いには感激した。大女優と一緒にゴルフができたのは、楽しい思い出だ。

そのときにもらった時計は大切にしまってあるのだが、残念ながら、どの時計だったのか、わからなくなってしまった。


ゴルフは、体の自由がきく間はずっと続けた。七十歳以上対象のグランドシニア競技では、平成十一年八月には岐阜関カントリーで優勝、平成十二年一月にはボゥヴェールカントリー倶楽部で優勝した。

兄弟四人で集まって一緒にプレーしたこともある。ゴルフを通して楽しいひと時を過ごすことができたのはうれしいことだ。

第八章　病魔との闘い

六十歳を過ぎたころから、何度も病魔が私を襲った。

はじめに大きな病気をしたのは六十三歳のとき、直腸穿孔《せんこう》という病気だった。直腸に穴の開いてしまう病気なのだが、便が体内に飛び出して重症化すると、死に至ることもある。

急な腹痛が起こったのは、趣味のゴルフを楽しんでいたときだった。ラウンドしているときに激痛が走り、立ち上がることもできなくなってしまった。一緒にプレーをしていた仲間たちにクラブハウスに担ぎ込まれ、そこから救急車で中濃病院に搬送された。中濃病院では、症状を見てすぐに大きな病院に転院した方がいいと判断され、村上記念病院に運ばれた。即、手術となり、その後も三回も手術することになった。

平成六年からは、三度のがんに悩まされた。

最初は六十六歳のときで、腎臓がんだった。あるときに体調がすぐれなかったので、柳ケ瀬近くにあった渡辺病院という病院にかかった。レントゲンを撮ったら、「腎臓に影がある」という話になり、精密検査を受けたところ、がんだった。

当時はがんというと、今のように治る病気ではなく「不治の病」というイメージが強かった。がんになれば死んでしまう、というのが一般的で、私もそう思っていた。このため、自分ががんだと聞かされたときには

（仕事はどうするのか。家族はどうするのか）

と絶望的な気持ちになった。

幸い、息子の俊郎が医師になっていたし、俊郎と結婚した嫁の慶子も内科の医師だった。この慶子がとても親身になってくれて、息子とともに私の主治医といろいろと話をし、私には分からない専門的なことも相談してくれたのでとても助かった。

一刻を争う状態だったため、渡辺病院での診察から十日後には岐阜大学病院に入院し、右側の腎臓を摘出した。直腸修正の手術も同時に受けたので、八時間にも及ぶ大手術だった。

入院は三カ月ほどしたのではないか。美紀子は心配して毎日のように病院に通って、身の回りの世話をしてくれた。

当時、岐阜大学病院は黒野ではなく、まだ司町にあった。現在は「ぎふメディアコスモス」になっている場所だ。一月末に手術をしたのだが、入院生活を送っているうちに、いつの間にか桜の季節になっていた。

病室からは長良川堤防沿いの桜がよく見えた。桜の美しさは、闘病生活を送る身に安らぎを与えてくれた。

腎臓がんの手術から回復し、ほっとしたのもつかの間、次の年には前立腺がんが見つかった。

毎年夏に静養を兼ねて山中湖にあるクリニックで検診を受けていたのだが、そこでがんが発見された。立て続けにがんと言われたので、

「またか……」

と絶句した。しかし不思議と死ぬ気はしなかった。

戦争をくぐり抜け、戦地には行かずとも、毎日死ぬ覚悟で過ごしていた。

江田島では何度も空襲警報とともに防空壕に駆け込んだこともあるし、敵機の爆撃に遭ったこともある。死と隣り合わせという状況の中で日々を過ごした苛烈な経験をしていると、少々のことでは死ぬまいと肝が据わるのではないだろうかと思った。

岐阜市民病院で前立腺の摘出手術を受け、無事に回復した。

手術後に主治医から、

「もう女遊びはできませんよ」

と冗談めかして釘を刺され、少し残念に思ったのを覚えている。

三度目は胃がんだった。三度目は少し間があき、平成十四年の七十五歳のときだった。結婚五十周年の金婚式を迎え、その記念で美紀子とカナダ旅行に行ったばかりだった。これも幸い検診で見つかった。

「またしてもがんか……」

三度目ともなると、最初のときほどの動揺はないものだ。岐阜大学病院で、胃の半分を切除する手術を受けた。

三度目のがんということで、主治医からはこう言われた。

「断定はできませんが、被曝の影響があるのかもしれません」

終戦直後に、広島県・江田島海軍兵学校から岐阜市へ帰る途中、荷物を運ぶために原爆投下から間もない広島市内を十時間近くも歩き、破れた水道管から水を飲んだ経験を指してのことだった。

「詳しい検査をご希望なら、広島大学病院への紹介状を書きましょうか」

と主治医に言われたが、私は断った。

被曝は、一般的に生殖機能に影響を及ぼすと言われているが、幸い私の子ども三人は何事もなく育ち、また七人の孫たちも元気に育って、みな優秀だった。私自身も、もう七十五歳にもなっていたし、これから広島へ行って調べてもあまり意味がないように思えたからだ。

がんを患ったのは、この胃がんが最後だった。いい主治医に出会えたこと、息子夫婦が医師で適切なアドバイスをくれて常に心強かったことは、運が良かったと思っている。

手術の傷あとは体中に残っているが、幸い八十八歳になる現在も、元気で生きている。この先、何が原因で死ぬことになるのかは神のみぞ知るところだ。しかし、長く生きてきて、思い残すことなく好きなことをやって暮らしてきた。

今はいつ死んでもいいと思っている。

第九章　友人たち

長い人生の中では、かけがえのない友に出会うことができた。特に、厳しい訓練の日々をともにくぐり抜けた兵学校の同期たちとは、特別な絆があり、戦後も交流を続けた。

同期が集まると必ず「同期の桜」を歌った。

～貴様と俺とは　同期の桜
　同じ兵学校の庭に咲く～

この歌を歌うだけで、何十年もの時間を飛び越えて、私たちの心は江田島に飛んでいくようだった。今となっては多くの仲間が鬼籍に入ったが、同じ釜の飯を食った友のことを、忘れることはない。

同期の中でも無二の親友となったのが、戸崎勇君だった。ナベヤ工業の経理部長を務め、同社の番頭として信頼されていた。善良な男だった。

戸崎君は岐阜市立中学(現岐阜北高校)から、私と同じ第七十六期生として兵学校に入校した。特に親しくなったのは兵学校在学中よりも岐阜に帰ってからだ。もともとは岐阜市日ノ出町に住んでいたのだが、わざわざ私の自宅近くの加納に引っ越してくるほど、仲が良かった。

昭和三十八年、岐阜出身同期の有志が私の自宅に集まり、岐阜出身者の同期会「岐阜七六会《ななろく》」というのを結成した。昭和三十九年五月一日、第一回の総会を行ったのだが、それ以来毎年欠かすことなく総会を続けた。海のない岐阜県から兵学校を志した者の団結は強く、毎回盛況だった。

海軍兵学校同期で無二の親友の戸崎勇君（右）と

東海支部同期会であいさつ

同期会親睦旅行 高山屋台会館前で

兵学校同期の仲間とゴルフ場で　一番左が私

この会の代表は私だったが、幹事として戸崎君が会の運営を担ってくれた。県外の各県の同期会との連絡、また東京本部との連絡などは、すべて戸崎君が仕事の合間にやってくれていた。戸崎君あっての岐阜七六会だった。しょっちゅう私の自宅に来ては、二人で岐阜七六会の相談をしたり、たわいもない話をしたりして楽しんでいた。同期会旅行だけでなく、二人で旅行に行ったことも何度もあった。戸崎君の長男の結婚式で媒酌人を務めたこともあった。私たちの信頼は固く、まさに無二の友であった。

平成十八年。私たちが七十八歳のとき、戸崎君にがんが見つかった。戸崎君の奥様から連絡をもらった私は、入院中の戸崎君を見舞い、兵学校の「五省」を書いた置物を持っていった。「五省」とは、生徒全員が一日の終わりに床に就く前、自らの内面を省みるために唱えた五つの文章だ。

一、至誠に悖《もと》るなかりしか
一、言行に恥ずるなかりしか
一、気力に缺《か》くるなかりしか
一、努力に憾《うら》みなかりしか
一、不精に亘《わた》るなかりしか

私は、この中でも特に「気力に缺くるなかりしか」という項を強調し、戸崎君に呼びかけた。気力で病を吹き飛ばしてほしいと、祈るような気持ちだった。戸崎君も残る気力を振り絞って、私に応えてくれた様子だった。

しかし、その願いもかなわず平成十八年十月二十三日に亡くなった。臨終には、ご家族とともに私も立ち会った。覚悟をしていたとはいえ、そのときの悲しみは言い尽くせないものがあった。

葬儀では私は弔辞を読んだ。

私は兵学校での呼び方にならい、戸崎君の魂に向かって「戸崎生徒」と呼びかけた。

「戸崎生徒あっての岐阜七六会でした。今後、会の運営をどのようにするか途方に暮れております。しかし、これからも君の遺志を継いで人数が減っても、必ず毎年続けてゆこうと思っています。

戸崎生徒とは幽冥境を異にしましたが、まもなく我々も追いつきます。そしたら、かの地で同期の桜を歌おうではありませんか」

私はいつ、戸崎君のもとへ行くことになるのかは分からないが、再会を楽しみにしている。

戸崎君のほかに親しかった同期では、長野県出身の後藤淳君がいた。後藤君は愛知工業大学学長になった男で、同期会の愛知県代表をずっと務めていた。岐阜県代表だった私は、東海支部大会でよく顔を合わせたので、交流が続いた。

野球選手のイチローは愛工大名電高校出身だったので、学長である後藤君の招待を受けて、私はイチロー選手と何度か食事をしたことがある。イチロー選手は好青年で、私はファンになり、現在に至るまでずっと応援している。大リーグ通算3000本安打をはじめ、プロ野球リーグ通算4257本の世界記録という活躍は、ファンとしてはうれしい限りだ。

兵学校の仲間との絆は強く、全国大会や東海支部大会、岐阜県の同期会などは毎年のように開かれ、私もできる限り参加した。

大きな思い出として残っているのが、平成八年九月十六日に私が実行委員長となって岐阜グランドホテルで開いた第七十六期の全国大会である。全国大会を地方で開く例は珍しかった。日本各地から六百六十人の仲間が駆けつけてくれて、旧交を温めることができた。参加者全員で、恒例の「同期の桜」を歌ったことは楽しい思い出だ。

兵学校の一学年先輩、つまり第七十五期生には安部源平さんという人がいた。源平さんは岐阜中学の先輩でもあり、柔道部だった。のちに岐阜市長となる浅野勇氏が大将で、源平さんは先鋒を務めており、当時の柔道部は県内では向かうところ敵なしだった。

源平さんの父は、岐阜市水道部長をしていた安部源三郎氏だった。源三郎氏は昭和二十二年四月五日執行の公選第一回岐阜市長選挙に立候補したのだが、源平さんとの縁があったので、私は源三郎氏の秘書として選挙活動を応援することになった。私が岐阜高等農林専門学校（現岐阜大学農学部）農芸科学科を卒業した直後のことだった。

前市長の松尾国松氏は大正十四年から六期二十年あまりにわたって市長を務めたが、終戦後に戦争中の責任を問われて社会党から退陣を勧告されていた。その後、松尾市長は貴族院議員に勅選され、市議会に辞表を提出したため、市長選が行われることになったのだ。

市長選は、岐阜市前助役の東前豊と前水道部長の源三郎氏との一騎打ちとなった。二人とも松尾市政の重鎮だったので、市役所を二分する選挙だった。源三郎氏は自由党、新興財閥、引揚者、婦人青年団や学生らが応援し、東氏は社会党、松尾国松派、神農会（露天商組合）などが応援した。

私は候補者の源三郎氏と常に行動を共にした。当時は岐阜市内にはＮＨＫがなかったので、名古屋までラジオの政見放送に出演するために行った。だが終戦直後の混乱期なので、テレビどころかラジオも一般家庭にはなかった。一部の富裕層向けのラジオ政見放送ではあった。

源三郎氏の演説にもすべてついていった。辻々では、東氏の応援演説もやっており、それを聴衆に交じって聞いたこともある。東氏の応援に回った神農会の連中は、露天商だけあって話がうまかった。

「のぼる光は東(東前豊)から。あべこべ(安部源三郎)になってはダメですよ」

などと言うと聴衆からはどっと笑いが起き、盛り上がっていた。

結果は東氏二万九千三百六十三票、源三郎氏が二万四千百四十二票の僅差で、東氏の当選だった。選挙結果からしても、まさに岐阜市を二分する選挙であり、東氏が市長に就任したのちもしばらくの間は選挙のしこりが残ったという。

選挙期間中、源三郎氏は私のことを買ってくれて、「私が岐阜市長になったら、お前は岐阜市役所に入り、私の後を継いで市長になってくれ」と言われたことがある。息子の源平さんではなくて、なぜ私なのかと不思議に思いながらも、私は源三郎氏が当選したら岐阜市役所に入るつもりでいた。ところが、落選してしまったので、岐阜市役所に入るのはやめて、渡辺製菓に入社したのだ。

源三郎氏は落選後、橋梁《きょうりょう》などをつくる「安部工業所」という会社を起こし、源平さんも二代目社長として活躍した。現在でも「安部日鋼工業」という優良企業として社会貢献している。

選挙から何十年も経った後の酒の席で、源平さんから、

「宇野君。君は岐阜市長なんかにならんで良かったな。岐阜市長になっていたら、今の財産を築くことはできんかったからな」

と笑いながら言われたことがある。

確かに岐阜市職員から市長になれたとしても、収入面では事業で成功するのと比べて、ケタ違いに落ちるだろう。源三郎さんがあのとき、市長に当選していたら、私の人生は全く違ったものになっていたはずだ。

人生は何があるかわからない。巡り合わせとは、面白いものだ。

第十章　夫として、父として、祖父として

私が美紀子と結婚したのは、昭和二十六年三月三十日だ。まだ戦後の復興は道半ばだったので満足な結婚式場などはなく、岐阜市公会堂（岐阜市民会館）で挙式した。

美紀子は私が渡辺製菓という会社に勤めていたときの同僚で、そのころから付き合いがあった女性。いわゆる恋愛結婚だった。当時は見合い結婚が主流で、「恋愛結婚はふしだらだ」と眉をひそめる古い価値観の持ち主も少なからずいた。

私は、厨川白村《くりやがわはくそん》という作家の『近代の恋愛観』という本を愛読していた。大正期に出版されたその本は、「恋愛」という言葉や概念がまだない時代に自由恋愛の価値を説き、「見合い結婚というのは奴隷結婚だ」などと見合い結婚をこき下ろしていた。当時の見合い結婚は、現代の見合いとは違い、親同士が結婚相手を決め、本人たちは結婚式当日まで顔を見たことがないというような場合も多々あった。現代ではありふれた内容が書かれているのであまり読まれていないようだが、昭和三十〜四十年代まではよく読まれていた本だ。

私は『近代の恋愛観』の内容に心酔していたので、見合い結婚をするつもりは毛頭なかった。美紀子を一目見たときから「きれいな人だな」と思っていたので、結婚するならこの人だと決めていた。

父や兄から身を固めるように言われたときも、美紀子の存在をすぐに打ち明け、父も賛成してくれた。美紀子の実家は、御柱祭りで有名な長野県諏訪市の諏訪大社のそばにあった。父と私とで、結納を持ってあいさつに行った。

結婚前の美紀子

挙式後は新婚旅行に

出かけ、名鉄と近鉄を乗り継いで奈良と吉野に行った。奈良では猿沢池のほとりにある旅館に泊まった。興福寺の五重の塔が猿沢池の水面に映り、美しかった。吉野山でも一泊した。吉野山はちょうど桜の時期で、山いっぱいの満開の桜は、それはそれは綺麗《きれい》だった。

美紀子と二人で吉野山を歩き、楠木正成公の長男楠木正行公ゆかりの如意輪寺を参詣した。正行公が寺の扉に、矢じりの先で書いたとされる辞世の句「かえらじと　かねて思えば梓弓　なき数に入る　名をぞとどむる」（今度の戦いは生きて再び帰れぬ身であるがゆえに、亡き人の仲間入りをする名前を残して発ちます、という意味）の文字を見たことを覚えている。いい新婚旅行となった。

翌二十七年七月十七日には　長男俊郎が誕生。美紀子は里帰りしており、

結婚式の家族写真

諏訪で出産した。「男の子が産まれた」という一報を聞き、私は諏訪に駆けつけた。赤ん坊を抱き上げたときには、「私も父親になったのか」という感情が込み上げてきて、何とも言えないうれしい気持ちになった。

美紀子が里から俊郎を連れて帰ってくると、親子三人での生活が始まった。しかし私は商品の仕入れで各地を飛び回る生活だったので、子どもの世話などはできなかった。美紀子も従業員の食事作りなどで忙しかった。俊郎の世話は、私の両親が天王町の自宅から毎日、問屋町まで通ってきてやってくれた。

それにしても赤ん坊というのはよく泣くものだ。夜になって私が疲れて帰ってきても、泣き声がうるさくて体が休まらない。私はたまらなくなって、

「うるさい。静かにさせろ」

と美紀子に怒ったことがある。静かにさせようとしても赤ん坊に通じるわけがない。今では美紀子にはすまないことをしたと思っている。

昭和二十九年二月二十五日には長女洋子、昭和三十三年三月十一日には次女記代が生まれた。洋子は母親の美紀子に似ており、記代は父親の私に似ていた。どちらも器量よしのかわいい子だった。

父政吉は、どの孫よりも、とりわけ俊郎を可愛がってくれたように思う。政吉は、美紀子の実家である諏訪にあいさつに行ったのをきっかけに諏訪湖畔の美しさや夏の涼しさがとても気に入ったようで、夏休みになると毎年俊郎を連れて諏訪で過ごした。俊郎が小学校や中学校に行ってもそれは続いた。

夏休みが終わる八月三十一日ギリギリになって岐阜に帰ってくるのだが、宿題を見てみると、何一つやっていなかった。

「こら。何もやってないじゃないか。早く宿題をやってしまえ」

と、俊郎を叱りつけるのが、夏休み最後の恒例行事だった。

このように宿題をやらせるのに苦労した俊郎だが、不思議と学校の成績は良かった。昭和四十三年には岐阜高校に合格し、私の後輩になってくれた。

俊郎は長男であったが、私は家業を継がせるつもりは全くなかった。

(問屋町に未来はない)

と思っていたのだ。俊郎が高校在学中はまだ会社の絶頂期ではあったが、これがいつまでも続くとは思っていなかった。

ちょうどそのころ、東京の聖マリアンナ医科大学はどうかと、知人に薦められた。この大学は、昭和四十六年に東洋医科大学として開校し、四十八年に聖マリアンナ医科大学に改称したばかりの新しい大学だったが、受験させることにした。自分が岐阜中学に在学していたとき、学費がなくて八高(現名古屋大学)進学を諦めて海軍兵学校を選んだので、子どもたちには十分な教育を受けさせてやりたかったのだ。

俊郎は無事に合格、卒業後には国家試験にも合格し、脳神経外科の医師になった。

この後、ご縁があって、岐阜市切通、後藤医院の長女慶子との縁談がまとまり、昭和六十年に結婚した。岐阜グランドホテルで開いた披露宴では、順天堂大学附属順天堂医院の石井昌三院長夫妻に媒酌人をしていただき、上松陽助岐阜県知事や海軍兵学校同期で当時は県出納長をしていた森川正昭氏（のちの恵那市長）らを招待した。

昭和六十三年には長女香美、平成五年には長男暁が生まれた。

平成四年には、山県市伊佐美に「宇野クリニック」という医院を開業し、夫婦で地域医療に貢献している。香美は岡山市の川崎医科大学に進学し、現在医師として研鑽《けんさん》している。

洋子は千葉県の麗澤高校に進学し、聖心女子大学へ進んだ。東京の「山下設計」という会社に就職し、そこで出会った近藤豊史氏と結婚。昭和五十三年に帝国ホテルで結婚式を挙げた。自由が丘に自宅を構え、昭和五十六年には長男淳、五十八年には次男崇が誕生した。

記代は富田高校、同朋大学へと進学した後、名古屋市の糸重という会社に就職した。マルメンの事業を継いでもらうために婿養子を迎えようと結婚相手を探し、野々村賢二氏と昭和五十六年十一月に岐阜グランドホテルで結婚式を挙げた。

家業を継ぐという意味で、記代の披露宴が兄妹の中で一番盛大だった。上松陽助県知事、海軍兵学校同期で参院議員の大木浩氏、岐阜中学同期で大垣共立銀行常務の多賀一郎氏らをはじめ、取引先の方々ら約二百人を招いた。記代は三人の子どもに恵まれ、昭和五十八年には長男智、五十九年には長女眞利奈、六十二年には次男仁が生まれた。

マルメンは現在、繊維業はやっておらず、株式投資や不動産管理などの業務が中心である。記代にはその実務をすべて任せている。

このように孫は全部で七人生まれた。みんな優秀な孫たちばかりだ。その中で、長女洋子の次男崇は医師になりながら、二十八歳の若さで脳梗塞に倒れ、今でも闘病中だ。応援の意味も込めて崇のことを書いておきたい。

崇が東京・暁星高校一年生だったある日、私あてに電話をかけてきた。

「実はお願いがある。僕は医学部に行きたいのだけど、国公立医大では五教科の成績が良くないと難しいので、三教科受験の私立医大に行きたい。それには学費がたくさんかかるのだけど、うちはサラリーマン家庭なので無理だ。学費を援助してもらえないか」

という相談だった。大切な孫の頼みを断る理由などなかったので、二つ返事で快諾した。大学の学費だけでなく、医学部受験専門の塾の費用もバックアップをすることにした。

国立も私立も医学部はどこも難関だ。

「費用の面でせっかく応援してくれているのに、学力で落ちるわけにはいかない。絶対に合格してみせる」

と、崇は一生懸命勉強したようだ。一度決めたことは絶対にやり通す、という強さを持った男だった。

無事に昭和大学に現役合格した。その後の活躍を、崇は著書『僕の声は届かない。でも僕は君と話がしたい。』にこう書いている。

「大学生になると医学部の勉強が水にあっていた様で、自分で言うのもなんですが、かなり成績は優秀であったと思います。学年3位をとったこともあります。テニス部でもレギュラーに入ることが出来、かなり順風満帆な大学生活でありました。そして研修先に国立国際医療研究センターを選びました」

同センターで研修医として二年間勤務し、専門科として消化器内科を選択した。二〇一一年七月には国立がんセンター中央病院へと勤務先を変え、将来を嘱望される医師としてがむしゃらに働いていたが、その年の暮れに職場の忘年会の席で脳梗塞を発症し、倒れた。崇はそれから四カ月も意識不明の状態が続き、目が覚めたときには聴覚と声、身体の自由を失っていた。その瞬間のことを、崇は著書(同)でこう振り返っている。

私は意識を取り戻した。

〈とても静かだ〉

私はゆっくり瞳を開いた。

〈え？　全部二重？

と、いうか何も聞こえないぞ！！！

あと喋れないいじゃないか！！！

体も動かない！！！

何で？　何で？　何で？　何で？　何が起こったんだ？

どうなったんだ？　おい！！！

何が起こったんだ！！！　全く意味がわからない！！！

何で？　何で？　何で？

で、ここは何処だ？〉

どれほどの絶望だったのだろうか。医師という厳しい道を志して、努力して勉強に励み、その夢を叶えたばかりだったのに、前途ある若者をこんな目に遭わせるとは、運命は時に残酷なことをする。崇は優秀で快活でとてもいい青年だったので、本当に残念だ。

その後はリハビリに励み、食べ物を飲み込む嚥下《えんげ》訓練をしたり、右手でタブレットを操って他者とコミュニケーションを取ったり、毎日頑張っている。その前向きな姿勢は人々にも感銘を与えるようで、大手の出版社から本を出し、テレビの取材を受けて出演もした。

母である洋子も、崇のために必死に看病して頑張っている。わが子のためとはいえ、洋子の心中を思うと頭が下がる思いだ。

最後に妻美紀子について書いておきたい。

昭和二十六年に結婚したが、結婚当時はまだまだ貧しく、私は懸命に働いており、育児、家事のことはすべて美紀子に任せ切りだった。創業後しばらくは従業員が住み込みで働いていたので、三食の準備はすべて美紀子がやっていた。子どもの世話をしながら、従業員の三食も作っていたのでは気の休まるときはなかったのではないだろうか。

会社が大きくなって暮らしに余裕が出てきてからも、私はゴルフ三昧であまり家にはおらず、好き勝手にやっていたので、美紀子には気苦労をかけることも多かったのではないかと思う。それでも文句を言われたことはなく、夫婦げんかをしたことは、結婚して今まで一度たりともない。身長一五〇センチ足らずの小さな体で、すべて美紀子がやってくれた。長い間私についてきてくれて、三人の子どもを立派に育て上げてくれたことには、本当に感謝

昭和５０年８月、お盆の墓参りで妻美紀子と（息子俊郎が撮影）

している。

美紀子に特別なプレゼントをしたことはなかったとは思うが、一緒に旅行へはよく行った。

昭和五十一年の銀婚式記念では弟昭の招待で、二週間かけて北海道を見て回った。昭は国税庁に勤めており、熊本国税局長にまで出世したのだが、その当時は札幌国税局直税部長をしていた。私たち夫婦が釧路に行けば釧路税務署の職員が、旭川へ行けば旭川税務署の職員が出迎えて車で案内をしてくれ、北海道を満喫することができた。現在では上司が部下にそこまでさせればちょっとした問題になるだろう。おおらかな時代だった。

平成十三年には金婚式記念でカナダ旅行に行った。マリリン・モンロー主演の「ナイアガラ」という映画を見て、ナイアガラの滝をどうしても見たくなったからだ。アメリカ滝とカナダ滝というのがあって、そのスケールには目を見張るものがあった。遊覧船に乗り、滝のそばを通って水しぶきを間近に感じることができた。楽しい旅だった。

平成二十三年には、めでたく六十周年のダイヤモンド婚を迎えることができた。このときは旅行ではなく、子どもたちがお祝いの会を催してくれる予定だったのだが、三月十一日に東日本大震災が起きてしまった。お祝いの会の席上で記念品を夫婦互いに贈り合おうと思っていたのだが、それを取りやめて義援金として六百万円を岐阜新聞岐阜放送社会事業団に寄託した。未曾有の災害の状況を、毎日テレビや新聞を通じて見ていたので、微力ながら被災者の皆さんのお役に立てたのなら、うれしい限りだ。寄託したことによって、岐阜新聞に私と美紀子の写真が掲載され、旧友が何人か連絡をくれたこともうれしいことだった。

平成十七年に加納栄町通りの自宅を壊して「メゾン・ｄｅ・ウノ」を建ててからは、ＪＲ岐阜駅南口前の日本泉ビルに住んでいたのだが、お互い年を取って体も弱ってきて、そのうち介護などのサポートが必要になるだろうと感じ始めていた。岐阜で終《つい》の住処《すみか》を探そうとしたのだが、なかなか希望に合う物件がなかった。そこで、横浜市の東急田園都市線藤が丘駅近くのシニア向けマンションに住んでいた弟昭に連絡をした。

「お前のところに行きたいので、部屋を探して欲しい」

と頼んだ。平成二十七年夏のことだった。

すぐに、横浜市青葉台にあるシニア向けマンションを探してくれた。介護棟も併設され、医療や介護サポートも充実した部屋だった。生まれてから八十年以上も過ごした岐阜を離れるのは名残惜しかったが、思い切って夫婦で移り住むことにした。


引っ越す直前の八月、岐阜市の忠節橋近くに所有しているマンションで、岐阜新聞全国花火大会を鑑賞した。このマンションは花火と鵜飼を見物するのにいいと思って購入したのだが、実際にここから花火を見るのは初めてだった。息子の俊郎夫婦と嫁の両親も一緒に鑑賞した。

金婚式を記念し美紀子と

2011年(平成23年)3月23日　水曜日

東日本大震災 被災者救援義援金

岐阜新聞 岐阜放送 社会事業団

≪22日≫

マルメン 宇野夫妻600万円

岐阜市加納清水町、マルメン社長の宇野弘さんと妻美紀子さんが22日、小切手で600万円を寄せた。

「26日に子どもたちが結婚60年を祝ってくれる。席上で互いに記念品を贈ろうと考えていたが、やめて義援金にした。思えば幸運に恵まれた。震災で気の毒な目に遭った方々のために役立てば」と宇野さん。美紀子さんも「今まで苦労されてきたお年寄りがかわいそうで」と心を寄せた。

宇野弘さん(右)と妻の美紀子さん＝岐阜市加納清水町

大一テクノ 合計156万円

羽島市福寿町の建設機械製造販売業「大一テクノ」(岩田悟社長)が22日、会社として100万円、役員や社員約20人が一同で56万円を羽島支局に寄せた。

東日本大震災に義援金
平成２３年３月２３日付け岐阜新聞

長良川の花火は、さんざん何度も見てきて、見飽きたかと思っていたが、そんなことはなかった。金華山と岐阜城を背にして、夜空いっぱいに次々と広がる花火、川面に移るその影。堤防に立ち並ぶ夜店に、道路が膨れ上がるほどの見物客。花火がドーンと上がるたび、見物客の歓声がこだまするようだった。

やはり岐阜の花火は最高だった。もうこれが最後の花火になるのかもしれないと思うと、その美しさは何倍にもなって胸に迫ってきた。

ふと隣を見ると美紀子も

「きれいね」

と目を細めていた。美紀子は岐阜で過ごした長い長い日々に、思いを巡らせていたのかもしれない。私と美紀子にとって、格別な夜となった。

青葉台に移り住んでからは、しばらく夫婦二人で暮らしていたが、美紀子は腰を悪くして寝たきりの状態が続いていたので、介護棟に移ることになった。もう今の部屋に戻ってこられることはないのかもしれない。私の部屋から介護棟までは棟続きになっているので、よく美紀子に会いに行く。私が顔を出すと美紀子は、

「あら。来てくれたのですね」

とうれしそうにしている。

ひと駅隣のマンションに住む昭は、ひんぱんに私を訪ねてきて、昼食を外に食べに行ったり、江ノ島観光に行ったりと連れ出してくれる。私が岐阜で乗っていたベンツは昭に譲ったので、そのベンツに乗せてもらうこともある。

八十八年。思えば長く生きてきた。戦前戦中の苦しい時代も思い浮かぶが、やはり最初に思うのは、家族のことだ。

良き妻と出会えて、子ども三人と孫七人にも恵まれた。子どもも孫もそれぞれの分野で羽ばたいている。がむしゃらに働いてきた仕事の面でも、幸運に恵まれ、成功を収めることができた。

人の一生とは、自分で道を選んでいるようで、もしかしたら見えない力に導かれているのかもしれない。美紀子と結婚したのも運命、繊維の道を選んだのも運命、子どもたちに出会えたのも運命なのだろう。

実に結構な人生だった。

年譜

昭和二年　岐阜県山県郡高富町（現在の山県市）に生まれる
昭和九年　名古屋市中区（当時）牧野小学校入学
昭和十年　岐阜市徹明小学校に転校
昭和十二年　岐阜市白山小学校に転校
昭和十五年　奇病にかかり小学校を一年間休学
昭和十六年　岐阜中学（現岐阜高校）に入学。太平洋戦争開戦
昭和十九年　海軍兵学校に入校
昭和二十年　終戦。岐阜に帰郷。岐阜高等農林学校（現岐阜大学農学部）

二年に編入
昭和二十二年　渡辺製菓に入社
昭和二十四年　渡辺製菓退社。繊維の自営業を始める
昭和二十五年　岐阜問屋町一条通りに店舗を購入、兄秀雄と丸宇商店を創業
昭和二十六年　美紀子と結婚
昭和二十七年　長男俊郎誕生。独立して、問屋町三丁目に丸綿商店（のちのマルメン）を創業
昭和二十九年　長女洋子誕生
昭和三十年　問屋町二丁目店舗に移転
昭和三十三年　次女記代誕生
昭和三十七年　加納栄町通に土地家屋を取得し、自宅とする
昭和四十一年　父政吉死去。自宅を新築

昭和四十七年　母はるゑ死去。長住町ビルを購入
昭和四十八年　長住町ビル開店パーティー
昭和五十一年　銀婚式
昭和五十三年　長女洋子結婚。俊郎医師国家試験合格
昭和五十六年　洋子長男淳誕生。次女記代結婚
昭和五十八年　記代長男智誕生。洋子次男崇誕生
昭和五十九年　記代長女眞利奈誕生
昭和六十年　俊郎結婚
昭和六十一年　長兄秀雄、次兄馨とともにサイパンで三兄喜美夫の慰霊
昭和六十二年　記代次男仁誕生
昭和六十三年　俊郎長女香美誕生
平成二年　直腸穿孔で手術

平成五年　俊郎長男暁誕生
平成六年　腎臓がん手術
平成七年　前立腺がん手術。長兄秀雄死去
平成八年　兵学校七十六期全国大会を岐阜グランドホテルで開催
平成十三年　金婚式
平成十四年　胃がん手術。マンション「ゴールデン50」完成
平成十六年　次兄馨死去
平成十七年　自宅を壊し、マンション「メゾン・ｄｅ・ウノ」を建築、完成二度目のサイパン慰霊で、天皇・皇后両陛下と接見
平成十八年　親友戸崎勇君死去、弔辞を読む
平成二十三年　ダイヤモンド婚式
平成二十七年　横浜市・青葉台へ転居

引用文献

・『反戦大将　井上成美』（生出寿著、現代史出版会、一九八四年）
・『江田島海軍兵学校　究極の人間教育』（徳川宗英、講談社、二〇〇六年）
・『日本海軍史』（外山三郎著、教育社、一九八〇年）
・『岐阜空襲誌』（岐阜空襲を記録する会、一九七八年）
・『岐阜繊維問屋町連合会結成二十周年　問屋町の歩み　岐阜産地の人々』（東海繊維経済新聞社、一九七一年）
・『ぼくの日本自動車史』（徳大寺有恒著、草思社、一九九三年）
・『僕の声は届かない。でも僕は君と話がしたい。』（近藤崇著、角川書店、二〇一五年）

宇野　弘（うの・ひろし）

1927年（昭和2年）11月30日生まれ

住所　神奈川県横浜市青葉区青葉台2丁目

多くの人にたすけられ
～戦前・戦中・戦後を生きて～

2016年10月15日発行

著　者　宇野　弘

発　行　株式会社岐阜新聞社
総合メディア局出版室
〒500-8822　岐阜市今沢町12
☎058-264-1620（出版直通）

印　刷　西濃印刷株式会社
〒500-8074　岐阜市七軒町15
☎058-263-4101

ISBN978-4-87797-235-6　C0095